移民と日本人

ブラジル移民
110年の歴史から

深沢正雪＝著
（サンパウロ・ニッケイ新聞社編）

無明舎出版

移民と日本人◉**目次**

移民と日本人

序章

日本近代史から欠落した歴史

日本史にはいくつかの「ミッシングリンク」がある。

「ミッシングリンク」とは古生物学などで使われる俗語で、直訳すると「欠けた環」という意味だ。生物の進化を一つながりの鎖の環と見たとき、すでに発見されている化石Aと化石Cの間に深い相関関係がみられるが、種として少々離れている場合、その間に未発見の中間種Bがいるはずだと考えられる。そのような場合、中間種Bが「ミッシングリンク」とされ、いずれ発見されるはずの種とみなされる。

日本史の場合、日本を出る時の移民がA、1980年代後半から外国人労働者として還流してきた日系人がC、ミッシングリンクBがブラジルにいる間の日本人移民とその子孫の活動といえないだろうか。2008年には30万人を超えていた在日デカセギ日系人の存在は、Bの部分の歴史を知らない日本の人からすれば、「なんでブラジルから、こんなにたくさんの日系人がくるんだ?」と疑問に思う人も多かっただろう。

地球上で最も日本から遠い場所であるはずのブラジルには、世界最多１９０万人もの日系人が住んでいる。47都道府県のうちで人口が１９０万人を越えているのは、19位の群馬県（約１９５万人）までであり、残り28県はそれより少ない。ブラジルの日系人がそれだけ多くても注目される機会はごく少ない。

日本史の場合、いったん国を出た人は、日本人の視野から飛び出した存在になってしまい、祖国の土を踏むまで思い出されることはない。「日本列島に住んでいないと日本人ではない」という不文律があるようだ。

昨今では何ごとも地球規模で考えることが常識になっているのに、日本史における「人の移動」の認識はなぜか変わらず、日本列島内にとどまっている。ブラジルへの日本人移民だけで25万人を数える。日本史上稀に見る民族大移動のはずだが、移民船に乗った途端、歴史の本からは煙のように消えてしまう。日本人がどこから来たかは盛んに論じられるが、不思議なことに、どこへ行ったかは論じられない。

ブラジルでは、私のように永住資格で住む者も「日本人」と認識される。日本に住んでいる外国人が、普通にベトナム人、中国人と言われるのと同じだ。だが、日本の人は、外に出たら「日系人」と区別したがる。これは「島国意識」が根底にあるのではないか、と思われる。

「日本を出た日本人」が移住先の国にどんな影響を与えたか、どんな歴史をたどったかは、「広義での日本史」、「日本史の延長」、もしくは「世界史と日本史の接触点」だと思う。少なくとも、「なぜ彼らが日本を出たのか」、「どのような傾向の人たちが日本を出ようとしたのか」までは完全に日本史の範囲内ではないか。この部分の話を、この本には集めてある。

世界最大の日系社会が、なぜ、どのようにブラジルに築かれ、そのことがブラジルに、世界に、どのような影響を与えているのかを探ることは、日本が世界に影響力を広げる方法を知るという国益に叶うことかもしれない。このような「ミッシングリング」は、時をさかのぼって丁寧に調べていかないと、埋めることはできないだろう。

たとえば、高名な小熊英二慶応大学教授の大作『〈日本人〉の境界　沖縄・アイヌ・台湾・朝鮮　植民地支配から復帰運動まで』（新曜社、1998年、5千円）は778ページをかけて〝境界線上にいる日本人〟を詳細に論じているが、その索引をみても「南米移民」「ブラジル移民」どころかも「日系人」もない。

そのほか、江戸時代から明治までの欧米諸国への日本人漂流民、留学生、旅芸人ら渡航者1700人が網羅されている『海を越えた日本人名事典』（富田仁編、紀伊国屋書店、1985年）という1万5千円もする本を図書館で見つけた時、「どれだけ移民がでているだろうか」と胸を躍らせてページを繰ったら、〝ブラジル移民の祖〟水野龍すら出ておらず、ましてそれ以外の人物は扱われていないだろうと大いに落胆した。同人名事典をパラパラとめくってみると、最終的に帰国した人ばかり…。不思議なことに、日本的には帰国しないと「海を越えた」ことにならないらしい。日本の日本人の思考回路の鎖国性を見事に表している一冊だと痛感した。

そんなとき、『幻の漂流民・サンカ』（沖浦和光、文藝春秋、2004年）のあとがきを読んでいて、膝を打つような言葉に出会った。

　歴史のオモテ側でその表層をなぞるだけの論者は、彼ら漂流民の歴史は、国家の正史に登場することもない「余聞《よぶん》」にすぎないと言うだろう。余聞とは本筋からそれた、あまり価値のないこぼれ話である。

（中略）

　私は、彼らの存在が歴史の余聞だったとは考えていない。ウラがなければオモテが成り立たず、カゲのない日向はそもそもありえない。ウラに潜む真実が描かれていないオモテだけの歴史論や人生論なんぞは、読む気もしない人が多いのではないか。

今日では、漂泊民の歴史は「余聞」として語られることもなくなってきた。だが、海の「家船」にせよ、この「山家」にせよ、列島の民俗誌としてその記録を残さねばならぬ日本の文化史の地下伏流の一コマであった。（中略）

おしなべて漂泊民の一生は、苦労の多い旅から旅への生活で、報われることの少ない生涯だった。そして彼らは自分の人生を語ることなく、人知れず歴史の闇の中に消えていった。

この俊逸な視点《日本の文化史の地下伏流》にすら、残念なことに、海外に出ていった日本人の歴史は入っていない。でも、この地下伏流は間違いなく海外にもつながっている。この地下伏流は地球の反対側のブラジルに流れ込んで、そこに貯まって人知れず190万人という大きな〝地底湖〟を形成した。だから、1990年の入国管理法改正以降、デカセギ日系人として日本国内に還流してきている。

1853年、黒船によってムリヤリ開国させられた日本人のメンタリティには、今でもどこか島国意識が残っている。飛行機の時代になっても、「世界と地続き」という意識が希薄な人が多いのではないか。だから、移民船で日本を離れた後は、その人の動向は関心の外になる。

私はこれを「障子効果」と勝手に呼んでいる。たまに日本に帰ったときに興味深い習慣として思うのだが、昔ながらの障子ふすまのある家の場合、「障子を閉めたら、向こう側の音は聞かない」という社会的な約束事があるように思う。実際には、ただの和紙を張ってあるだけの障子の向こう側の音は耳に入っているのに、閉めてあると「勝手に聞いてはいけない」と判断し、わざと聞かないようにするという日本人的な心理性向のことだ。

これが島国意識として「国を出た人」に適用された場合、日本を出た人は国境という障子の向こうに行ってしまった人だから、「いないことにする」という心理的な作用があるのではないか。もちろん、第2次大戦で満州移民という大失敗をした経験から、他の「移民」までひとくくりにしてタブー化してしまった部分がある。だから、日本史や地理の教科書にほとんど扱われてこなかったのではないか。

でも、地球は狭くなった。現在は出た人も、すぐに戻ることがある。出た人からの祖国への働きかけ、「遠隔地ナショナリズム」が世界に影響をあたえている部分もある。それに、たとえその移住先のブラジル籍に帰化したところで、心の中までブラジル人になる訳ではない。なろうとしても、そう簡単になれる訳でない。国籍を変えた方が、実生活上、便利だから、もしくはビジネス上そうしないと不都合があるから帰化するだけの話で、心の動きとはあまり関係ないことが、日本の日本人には良く理解されていない気がする。

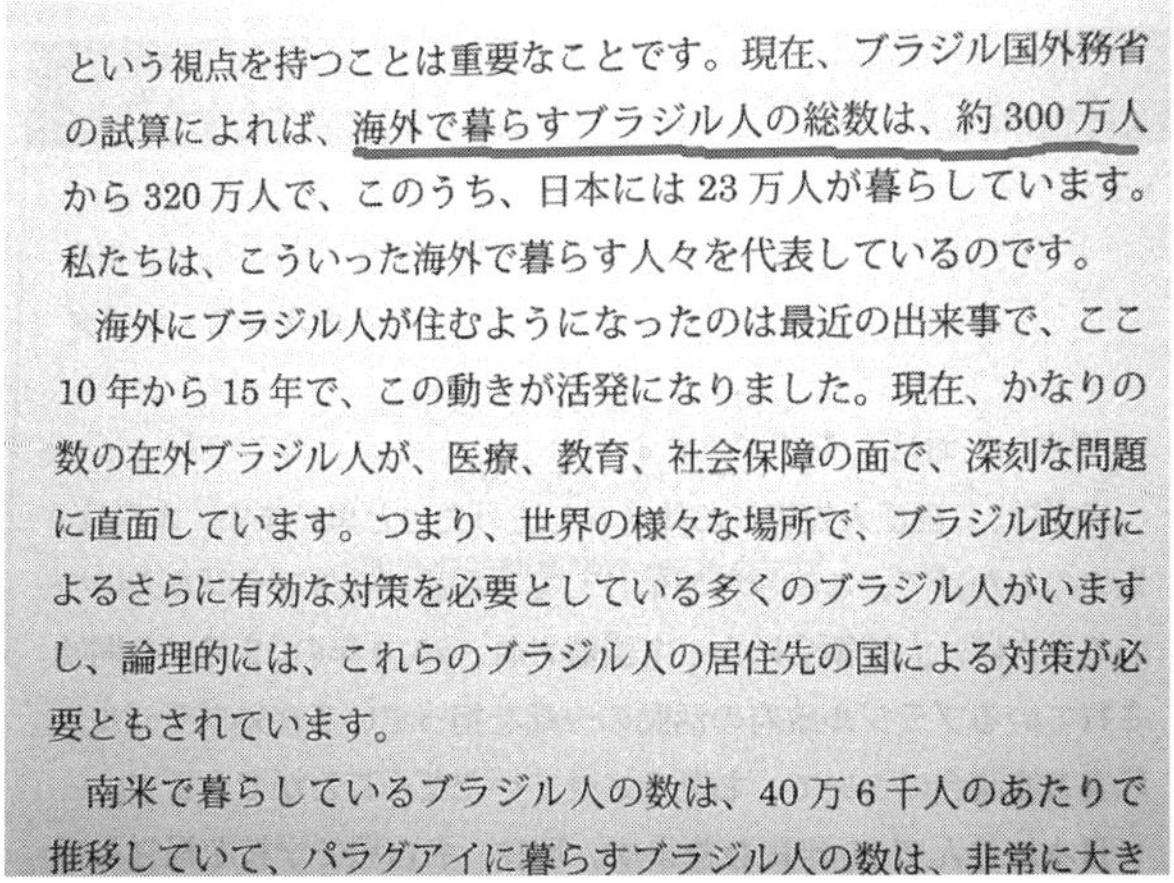

という視点を持つことは重要なことです。現在、ブラジル国外務省の試算によれば、海外で暮らすブラジル人の総数は、約300万人から320万人で、このうち、日本には23万人が暮らしています。私たちは、こういった海外で暮らす人々を代表しているのです。

海外にブラジル人が住むようになったのは最近の出来事で、ここ10年から15年で、この動きが活発になりました。現在、かなりの数の在外ブラジル人が、医療、教育、社会保障の面で、深刻な問題に直面しています。つまり、世界の様々な場所で、ブラジル政府によるさらに有効な対策を必要としている多くのブラジル人がいますし、論理的には、これらのブラジル人の居住先の国による対策が必要ともされています。

南米で暮らしているブラジル人の数は、40万6千人のあたりで推移していて、パラグアイに暮らすブラジル人の数は、非常に大き

「海外で暮らすブラジル人の総数は300万人」という記述の例。明らかに「ブラジル国外で生活する」の意味。
(『CIATE国際シンポジウム』2012年版報告書より)

逆にいえば、これは日本に帰化した外国人もまったく同じだ。つまり、外国に暮らす日本人を理解すれば、日本国内に住む外国人の気持ちも分かりやすくなる。世界は、相互作用によって動いていく。世界の色々なところに日本人は住んでいる。世界中に住む日本人の経験が本国にフィードバックされることによって、だんだん島国意識という壁がなくなる。そんな気がしてならない。

これは、特派員とか駐在員とか、数年間しか滞在しない人のことではない。外国に永住している人の声だ。しかも、特殊なエリートたちの声ではなく、庶民・大衆階級の移民

であることが大事だ。なぜなら、日本に住んでいる外国人の大半もそうだからだ。

「海外」とはどこのことか？

だいたい日本語で「国内」と書くと、「日本国内」という意味にとられがちで、海外邦字紙としてはとても困る。日本語を使っている国は、基本的に日本しかないから仕方ない。だが、海外において数万人単位（二世、三世も含めて）で日本語が日常的に使われている場所が幾つかある。その貴重な一つがブラジル日系社会であり、「日本語圏」と言っていい場所だ。

邦字紙は基本的にブラジル国内でしか購読されていないから、印刷版の読者にとって「国内」は言わなくてもブラジルだ。でも、今はインターネットの時代だから、我々の記事をサイトに出したり、フェイスブックで広めたり、ヤフーニュースに出したりする。

紙面に書いたそのままを出すと、インターネットで読んだ読者が、ブラジルにおける日本語表現にとまどい、「国内というから日本のことかと思ったら、ブラジルか？」などと書き込む。「伯国[1]というのは、どの国のことだ？」とか、「聖州[2]ってなんだ？」みたいなコメントがよくあった。そのため、現在ではサイトに出す記事は、見出しに《ブラジル》という言葉を入れたりして、日本の人が読んで違和感を持ちにくいように手を加えている。

日本の日本語とのズレという意味で一番困った言葉は、なんといっても「海外」につきる。この言葉が持つ、どうしようもない島国感覚には、いつも頭を悩ませている。たとえば、ブラジル国内面の翻訳記事に「ブラジル人に高まる海外旅行熱」という記事があり、よく読んでみると旅行先にアルゼンチンやチリが入っている。文字通りに考えれば、海の向こうが海外だから、ブラジルから地続きのアルゼンチンやチリは海外ではない。だが、日本語の「海外」にはイコール「外国」というニュアンスがある。日本が島国だから、「海の向こうは外国」という感覚は正しい。だが、大陸で使われる日本語としてはそぐわない表現だ。

これは邦字紙だけでなく、日本の銀行や証券会社のレポートや大手紙特派員の記事を読んでいても「海外からの影響を受けるドイツ」的な表現を見ることがある。ヨーロッパ大陸内の話なのに、「国外＝海外」というニュアンスだ。このように「海の向こう＝外国」という感覚が、日本語の中には染みついている感じがする。これは、日本以外で生活言語として使われていないことが、主たる原因ではないかと思う。

その反対に、ブラジルに来た当初、現地の新聞で日本に関する記事を読んでいて、よく「arquipélago（諸島）」という表現に出くわして、ハッとさせられた。私は静岡県出身だが、「島に住んでいる」という自覚は一切なかったからだ。島と言えば、「伊豆大島」とか「八丈島」のことであり、「本州は島ではない」と漠然と思っていた。

だが、アマゾン川の河口にあるマラジョ島に行った時、面積が4万平方キロメートルあると聞いてたまげた。九州の総面積が3万7千平方キロメートル弱だから、それより大きい。アマゾン川河口の町パラー州ベレンから飛行機で、そのマラジョ島をまたいで、対岸のアマパー州マカパーまで行ったら1時間近くかかった。これがブラジルの大陸感覚だと痛感した。このような感覚なら、日本はたしかに「諸島」だと観念した。

思えば、日本人も「島国根性」という言葉を自嘲的に使う。だが、リアルに「島に住んでいる」と日常的に自覚している日本国民はかなり少ないだろう。このような感覚が、日本の日本語にはしみ込んでいる。

（1）ブラジル
（2）サンパウロ州

ブラジルで使われている日本語「コロニア語」[3]の価値は、大陸という環境で、数万人規模の永住者によって使われている日本語という部分だ。コロニア語には、日本を外から見てきた視点があり、日本の日本語にまとわりついている「島国感覚」を浮き彫りにする作用がある。この「大陸の日本語」感覚が、いつか日本にフィードバックされれば、「グローバルに使える日本語」に磨き上げる試金石になるのではないか。コロニア語が一世の高齢化と共に消えていってしまうのは、日本にとってもモッタイナイことではないか。

そんな勝手な夢想をするのは、井の中の蛙のようなミニコミ紙、吹けば飛ぶような邦字紙記者の負け惜しみかもしれない。

ブラジル移民史を日本史に組み込むために

「明治」という時代のどの部分から、ブラジル移住という流れが生まれたのか――これがはっきりすれば、ブラジル日本移民史がミッシングリンクではなくなる気がする。誰が親か分からない捨て子のような状態から、ようやく本家からの血筋がはっきりした存在になるからだ。

評論家の大宅壮一が取材旅行で1954年にブラジルを訪れた際に講演し、「ブラジルの日本人間には、日本の明治大正時代が、そのまま残っている。明治大正時代が見たければブラジルに観光旅行するがよいと、日本に帰ったら言う積もりです」と語った。

本作の1章は安土桃山時代のキリシタンにさかのぼってミッシングリンクの源流を探った。2章以降は、ミッシングリンクの本流となった「ブラジルに残った日本の明治大正時代」とは具体的にはどんな部分で、どんな風にしてそれが生じたのかをまとめたものだ。たとえば明治末期から大正期にかけて日本を出ようとした人たちの傾向を幾つか挙げるとすれば、「経済的に行きづまった人」という部分を共通項としつつも、いくつかの隠れた底流として「明治維新に不満をもっていた人たち」、さらには「沖縄県人」「潜伏キリシタン」「被差別部落出身者」などの社会的迫害を受けていた階層は欠かせないキーワードといえる。いわば、「明治の日本社会の太い傍流」とでもいうべき存在だ。

明治という社会が生み出した海外移住政策は、当時の日本の社会状況を理解しないと移民の本当の気持ちは分からない。同様にブラジルという社会が分からないと、移住先で移民がどんな思いをしたのかも分からない。でも通常の研究者は、どちらか片側しか分からないから、移住者というのはどちらの社会からもトータルには理解されない宿命を背負った悲しい存在だ。でも、それゆえに限りなく可能性を秘めている部分もあるし、とんでもない矛盾を抱え込んでしまう人生の実験者でもある。

前作『「勝ち組」異聞』の前書きにも書いたが、「日本移民は壮大な民族学的な実験だ。この実験の結果がどうなるのか？　ブラジルという〝人種のるつぼ〟に叩き込まれた大和民族がどんな風に変容していくのかに興味がある」というニッケイ新聞前編集長・吉田尚則の言葉が、つねに頭から離れない。

生物学の実験では、ビーカーの中に培地を作ってそこに細菌の群生を移植し、どの菌がどのように増えるかを調べる方法がある。移民という特殊な社会は、本国のある特定の一部を切り出して、外国という培地に植えつけた細菌群と似ている。移民は本質的に、本国のある部分を少々誇張した形で映し出す鏡だと思う。それゆえ、移民集団の意識の移り変わりを観察し、特徴付けることは、国際社会に放り出された「日本人」もしくは「日本社会」そのものを観察することでもある。今回の本は「壮大な実験がどのようにして始まっ

（3）移民が集団で住むコロニー（入植地）のこと。転じて日系社会を意味する。

たか」という出だし部分を書くものであり、残念ながら今回は〝実験の結果〟にはあまり触れない。

ブラジル日系社会（コロニア）側では、つねに渡伯(4)後の歴史が中心に語られてきた。だが、移住は国境を越えた人の流れという社会現象だ。最初の「原因」は日本にあり、それゆえに「移住」という形で押し出され、原因に寄り添うような傾向の人々が25万人も続々と海を渡り、その「傾向」がブラジルで拡大した。

日本国内において、なんらかの事情を抱えて国を出ざるを得ない人が、大挙して移り住んでいる。日本が大変な状況に見舞われ、政府が移住を奨励しないと大量移動はおきない。政府が税金を投入してまで移民を送り出す必要があったから、25万人もがブラジルまでやってきた。私が生まれた静岡県沼津市の人口は約19万人だから、それを越える都市人口がまるごと海を越えた。本来なら、25万人もの日本国民がいなくなったら、日本史上の大事件だろうが、学校の教科書にはほとんど扱われず、日本人の関心から見事に消え去った。

国から外にでた日本人の歴史、移民史には、日本国内の歴史の「B面」が刻まれている。彼らの想いを書き留めることは、決して〝余聞〟ではない。（以下、文中すべて敬称略）

（4）伯はブラジルのこと

Ⅰ　420年前に南米に来た日本人の歴史(5)

まとまった数の在外同胞が住むブラジル日系社会としては、常に気になる歴史上の亡霊のような存在がある。江戸時代初期まであった「アユタヤの日本人町」だ。

ブラジル日系社会も、いずれは日本の証しがまったく残らない状態になるのではないか、どうしたらそうならないで済むのか。そんな問いが邦字紙上では頻繁に繰り返されている。

祖国を離れた邦人の大先輩として、鎖国後にどんな歴史をたどったのかが気になる。江戸幕府が1639年にポルトガル船入港禁止（鎖国）したことによって戻れなくなった彼らは、外国で死ぬまで生活し、子供をのこしたはずだ。その多くはキリシタンだった。だいたい「キリシタン」という言葉自体が、ポルトガル語で「キリスト教徒」を意味するcristão（クリスタゥン）を音写したものだ。フランシスコ・ザビエル渡日のころに生れたカタカナで、現在も通用するもの。世界最大のポルトガル語圏ブラジルとはゆかりが深い言葉と言える。

（5）２００９年4月にニッケイ新聞に掲載した連載「日本人奴隷の謎を追って＝４００年前に南米上陸か？！」に加筆訂正した。

今から400年も前に、累計7万人もの日本人が祖国を離れて生活し、そのような邦人の幾分かは実は南米にまで達していたことを知っているだろうか。その実態もまた、あまり記録に残っていない。

今ですら遠いと言われる南米に、420年も前に到着し、そこで生涯をおくった日本人。いま南米に住む邦人にとってはまちがいなく大先輩だ。もしも日本が鎖国せずにいたら、彼らの活躍によって、日本と世界との関係は大きく変わっていたに違いない。

アルゼンチンで売られた日本人

戦後移民の生薬研究家・故中隅哲郎さんが書いた『ブラジル学入門』（無明舎出版、1994年）を読み直して、「（日本では）1550年から1600年までの50年間、戦火に負われた多くの難民、貧民がポルトガル人に奴隷として買われ、海外に運ばれていった」（164ページ）との記述に目を引かれた。驚くことに、「アルゼンチンのコルドバ市の歴史古文書館には、日本人奴隷を売買した公正証書がのこされている」（165ページ）という具体的な内容も記されている。

さっそく『アルゼンチン日本人移民史』（第一巻戦前編、在亜日系団体連合会、2002年）を調べてみると、確かにあった。同国の古都コルドバ市の歴史古文書館で発見された最初の書類では、1596年7月6日、日本人青年が奴隷として、奴隷商人ディエゴ・ロッペス・デ・リスボアからミゲル・ヘローニモ・デ・ポーラスという神父に800ペソで売られたことになっている。

その日本人青年の属性として「日本州出身の日本人種、フランシスコ・ハポン（21歳）、戦利品（捕虜）で担保なし、人頭税なしの奴隷を八百ペソで売る」（同移民史18ページ）とある。残念ながら、日本名は記されていない。

さらに、『日本移民発祥の地コルドバ』（副題「アルゼンチン・コルドバ州日本人百十年史」、大城徹三、1997年、以下『コルドバ』と略）には、日本人青年は1597年3月4日付けで、「私は奴隷として売買される謂《い》われはない。従って自由を要求するものである」と起訴したとある。奴隷として売られてから2年後、1598年11月3日に裁判に勝訴し、無事、自由の身になった。裁判所は、代金の800ペソを奴隷商人から神父が取りもどす権限を与えている。

「この日本青年は心身共に強健で才能に富んだ傑人と思われ、それなりに他の奴隷に較べて三、四倍の高値で買い取られている」（『コルドバ』16ページ）と考察する。奴隷として売られた人間が、「奴隷ではない」と裁判を起こすこと自体、当時は珍しいだろう。これがアルゼンチン初の日本人公式記録であり、それゆえコルドバが「南米日本人発祥の地」だという。

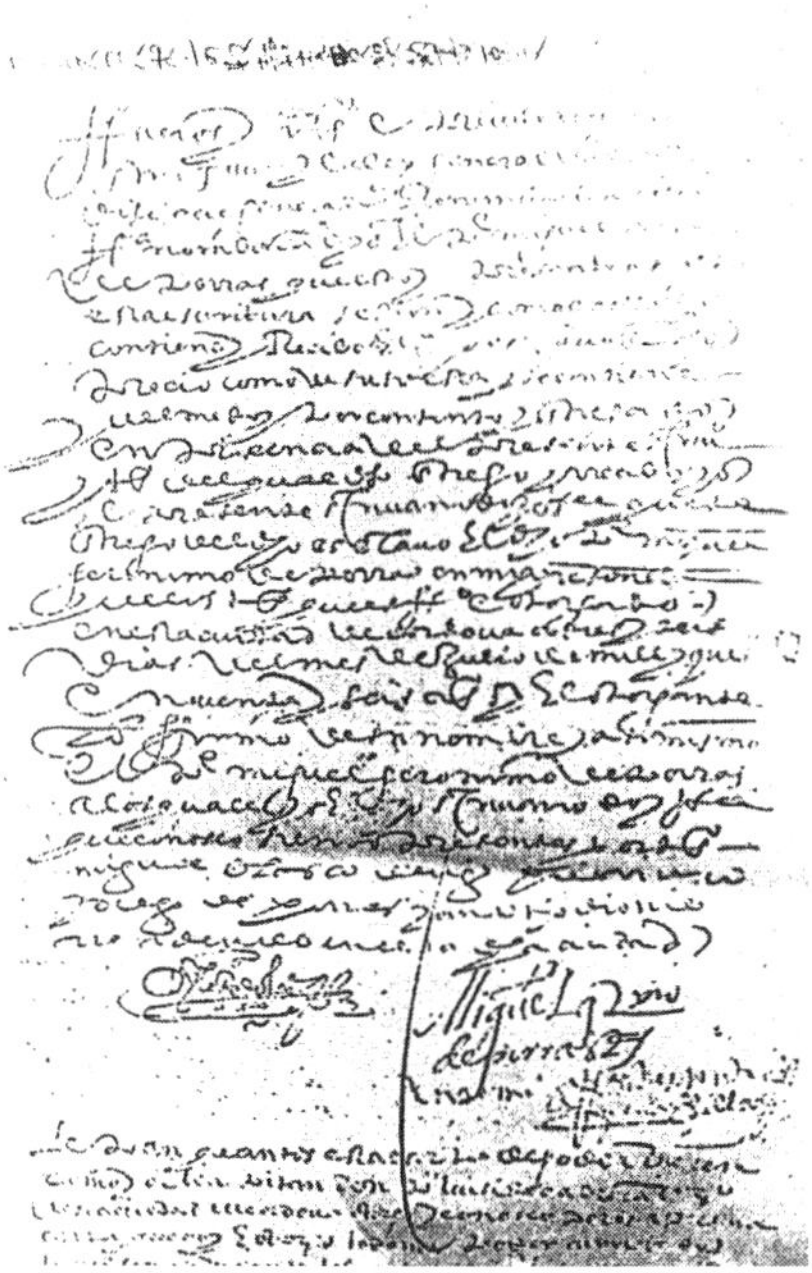
『日本移民発祥の地コルドバ』に掲載された裁判書類

400年余り前の事実が発掘された発端は、今から50年ほど前に、日系二世も含めた大学生の研究グループが、同古文書館から奴隷売買証書を発見したことにある。これが後に、コルドバ大学から『1588年から1610年代迄のコルドバに於ける奴隷売買の状態』（カルロス・アサドゥリアン著、1965年）として出版された。
さらに、1982年に大城氏の依頼により

コルドバ国立大学の図書館から裁判書類が発見され、当時の日系社会で大きな話題となったという。織田信長や豊臣秀吉が天下人になっていた安土桃山時代に、いったい誰がアルゼンチンまで日本人を連れてきたのか。もしくは、どうやって来たのか。これは南米の日本人移民前史における最大の謎だ。今ですら、南米までくる日本人は少ない。まして当時は、どのような経緯で渡ってきたのだろうか。

ポルトガル商人が日本人奴隷を売買

１５９６年にアルゼンチンで奴隷売買された日本人青年に関し、大城徹三氏は著書『コルドバ』で、かなり踏みこんだ分析をしている。この本には「さてフランシスコ・ハポンという日本青年は、当時日本との貿易が頻繁に行われていた南蛮人（ポルトガル人）によって連れられてきたことが濃厚に示されている。また正式なスペインの航路を通らず、ブエノス・アイレス港に入ってきたと推測できる。ということはスペイン国法に照らし、奴隷に処せられる条件になかった」（15ページ）とある。

これは実に刺激的な説だ。なぜなら、ポルトガル商人の手によってお隣りアルゼンチンまで来ていたなら、もっと近い、南米唯一のポルトガル植民地だったブラジルにも日本人奴隷が売られてきていても何ら不思議はない。むしろブラジルにこそ多く来ていた、と考える方が自然だろう。ブラジル在住邦人としては、実に刺激的な仮説だ。

さらに『コルドバ』には、こんな分析もある。

《キリスト教の取締りが厳しくなると、信者の中には自発的に、あるいは強制的に朱印船に便乗して海外に渡る者が多くいた。また一方、戦国争覇で各地に戦乱が繰り返され、大名の栄枯盛衰も激しく、敗亡の大名の家来の中には国内で身の振りどころがなく、海外に飛び出す者も出て、この浪人問題は当時の日本の重大な社会問題となり、多くの浪人が海外に移住を求めるようになった。つまりキリスト教に対する弾圧と戦乱の浪人が日本移民の始めといわれる》（15ページ）と東南アジアにおける日本人町の形成や、アルゼンチンの件の背景を説明する。

日本人奴隷に関し、前述の中隅さんは『ブラジル学入門』の中で、「日本側の記録がないのでわからぬが、ポルトガルにはいろいろな記録が断片的に残されている」（164ページ）とし、外交官でラテン・アメリカ協会理事長だった井沢実さんの『大航海夜話』（岩波書店、1977年）から次の引用を紹介している。

天正遣欧少年使節（出典：ウィキメディア・コモンズ）

インドのノーバ・ゴア発行の『東洋ポルトガル古記録』の中に日本人奴隷関係で、まだ訳されていない重要文書が含まれている。ゴアにはポルトガル人の数より日本人奴隷の数の方がより多いなどということはショッキングである。

中隅さんは書き進め、「日本人奴隷は男よりも女が好まれた。行き先はゴアを中心とする東南アジアだが、ポルトガル本国にも相当数入っている」（前同）と記す。『近代世界と奴隷制：大西洋システムの中で』（池本幸三／布留川正博／下山晃共著、人文書院、1995年、158〜160ページ）には、次のような記述もある。

一五八二年（天正十年）ローマに派遣された有名な少年使

節団の四人も、世界各地で多数の日本人が奴隷の身分に置かれている事実を目撃して驚愕している。『我が旅行の先々で、売られて奴隷の境涯に落ちた日本人を親しく見たときには、こんな安い値で小家畜か駄獣かの様に（同胞の日本人を）手放す我が民族への激しい念に燃え立たざるを得なかった』『全くだ。実際、我が民族中のあれほど多数の男女やら童男・童女が、世界中のあれほど様々な地域へあんなに安い値でさらっていって売りさばかれ、みじめな賤業に就くのを見て、憐憫の情を催さない者があろうか』といったやりとりが、使節団の会話録に残されている。

少年使節団がイエズス会員に伴われて欧州まで往復した期間は１５８２年から１５９０年だ。その頃、ポルトガルまでの道中には、そのような光景があちこちで見られたわけだ。

日本にいたポルトガル人宣教師は、同胞商人による日本人奴隷売買をひどく嫌がり、本国に取締を要請し、１５７０年9月20日にドン・セバスチャン王は禁止令を出したが効き目はなかった。

「この現象を嘆いて、ポルトガルの碩学、アントニオ・ヴェイラはこう言っている。『法律というものはあっても、違反者は絶えないものである。例えば日本人を奴隷にすることを禁止する法律が制定されているにも拘わらず、ポルトガル国内には多数の日本人奴隷の存在する事実によって、これを証することが出来る』」（『入門』１６５ページ）と中隅さんは例証する。

禁止令の26年後にアルゼンチンで奴隷売買されたフランシスコ・ハポンの存在がまさにそれを実証している。現在のブラジルに通じる法律軽視の気風は、すでにこの当時の宗主国にはあった。

大量の日本人奴隷に驚愕する秀吉

戦国大名・織田信長はイタリア人のイエズス会宣教師からアフリカ系奴隷を献上され、弥助（ヤスケ）と名付けて武士の身分を与え、家来にしたとの記録がある。この一事をみても、当時、洋の東西をつなぐ奴隷搬送ルートが確立されていたことは間違いない。

織田信長にしても、その次の豊臣秀吉にしても、当初はキリスト教の庇護者であった。特に秀吉は１５９２年に朱印船貿易を始め、持ち込まれる希少品の数々に魅了されていた。というのも、信長は仏教に対して不信感が強かった。反信長の急先鋒であった本願寺が、日本全国の一向一揆を動員して徹底的に抗戦し、苦しめたからだ。その力を削ごうと、異教の布教を許したと考えられている。

しかし、秀吉はキリスト教徒による仏教徒や神道徒迫害が増えたことを憂慮し、さらに１５８７年の九州平定を経て、日本人奴隷のありさまを見るにいたって、考え方を一変させる。

前出の『近代世界と奴隷制』（１５８〜１６０ページ）には、次のような記述もある。

「南蛮人のもたらす珍奇な物産や新しい知識に誰よりも魅惑されていながら、実際の南蛮貿易が日本人の大量の奴隷化をもたらしている事実を目のあたりにして、秀吉は晴天の霹靂に見舞われたかのように怖れと怒りを抱く。秀吉の言動を伝える『九州御動座記』には当時の日本人奴隷の境遇が記録されているが、それは本書の本文でたどった黒人奴隷の境遇とまったくといって良いほど同等である。（中略）『バテレンどもは、諸宗を我邪宗に引き入れ、それのみならず日本人を数百男女によらず黒舟へ買い取り、手足に鉄の鎖を付けて舟底へ追い入れ、地獄の呵責にもすくれ（地獄の苦しみ以上に）、生きながらに皮をはぎ、只今世より畜生道有様』

この記述からは、日本人奴隷貿易につきまとった悲惨さの一端をうかがい知ることができる。

日本人奴隷の人数に関し、中隅さんは『入門』の中で、南蛮船１隻あたり２００人くらい積んだと推測し、

「南蛮船の来航は季節風の関係で、一年に一度しか来れない。南蛮船は五十年間に約百隻ぐらい入ったと推定されている。全部が全部、奴隷を積んでいったわけでもあるまいが、その外にシナのジャンクも入港して奴隷を積んでいるから、やはり二万人ぐらい出たと考えてよさそうだ」と計算した。誰にも正確な数字は分からないが、南蛮船の物理的限界からして「数千人から数万人」程度だろう。

だが人数の問題ではない。400年以上前に異国に奴隷として売られ、働かされた日本人たちの思いはどんなものだったか。きっと「いつか日本に帰りたい」という強い望郷の念に駆られ、自分がどこにいるのかすらも良く分からず、記録にも残されずに日本史の臨界の向こう側に消えていったに違いない。

底辺の民衆の間に広まったキリスト教

1587年、豊臣秀吉は九州征伐の途上、宣教師やキリシタン大名によってたくさんの神社仏閣が焼かれて仏教徒が迫害を受けており、日本人が奴隷となって海外に売られているとの報告を聞いて激怒した。そこで秀吉は同年6月にキリスト教宣教師追放令を発布し、その一条にポルトガル商人による日本人奴隷の売買を厳しく禁じた条項を入れたが、奴隷貿易を阻止することはできなかった。

というのもその時点では、厳格に守らせようとしたわけではなかった。南蛮貿易の利益は棄てがたいものであったし、へたに民衆に棄教を強要すると平定したばかりの九州で混乱が生じ、反乱につながる恐れがあると判断されたからだ。

秀吉とキリスト教徒の関係を決定づけたのは、1596年のサンフェリペ号事件だ。スペイン人航海士が「キリスト教布教はスペインにとって領土拡張の手段である」と発言、日本人奴隷売買と同国人宣教師の関係が疑われ、秀吉は京都で活動していたフランシスコ会宣教師らを捕まえ、司祭・信徒合わせて26人を長崎で処刑した。

この背景には、1580年にポルトガルがスペインに併合され、同じ国王を抱くようになった事情がある。ポルトガル独自の行政、宗教、司法などの制度は続けられたが、以後60年間、外交的には一国として扱われた。つまり、日本側にすれば、合併によりスペイン人の国内での活動も認めざるを得なくなった。以前からの日本事情をよく知るイエズス会は、秀吉の禁令後、ひっそり布教するようになった。だが、スペインが支援するフランシスコ会は状況認識が甘く、なかば公然と布教をしていたため目をつけられた。

前掲の『辺界の輝き』(6)の中で、さらに考えさせられたのは、次の部分だ。

沖浦　一五四九年のザビエルの渡日から、約八十年間にわたって、イエズス会をはじめカトリック各派が布教しました。その間の入信者は、実数はつかめませんが、七、八十万にのぼると推定されています。その当時の総人口は二千万人にも達しませんから、これは大変な数です。権力の側からすれば、一向一揆の再来みたいになってきたんです。

五木　それほど急激に信徒が増えたのは、やはり仏教各派が弱体化している空隙を縫ってということですか。

沖浦　一五七〇年から八〇年までの石山本願寺一揆が、勅命講和という形で本願寺側の敗北で終わります。それからは仏教は完全に体制内存在になってしまって、一向一揆のような反権力的な勢いはまったくなくなります。そうすると、被差別民だとか貧乏な窮民や病人の面倒をみる寺院は、鎌倉新仏教系を含めて、ほとんどなくなります。

（6）『辺界の輝き』（五木寛之、沖浦和光（かずてる）、講談社、2006年）

そのような危機の時代に、頑張ったのがイエズス会です。戦災孤児や窮民に対する食糧補給、ハンセン病者や見捨てられた老弱者の救済、これらをものすごくやる。（中略）

五木　なぜ燎原の火のようにキリスト教が西日本一帯にひろがったかというのは、今のお話を聞いてみると非常によく分かりますね。イエズス会の活動は、親鸞をはじめ真宗の活動と似ていると思う。底辺の民衆の間で積極的に布教したところはまったく同じでしょう。蓮如が北陸へ行って、吉崎を中心にして、山の民や川の民など多くのマージナルマンを抱え込むんですが、それと同じ過程ですね。（69～71ページ）

つまり、１５５０年から１６３０年頃の間に、西日本一帯の《被差別民だとか貧乏な窮民や病人》などの底辺の民衆の間にキリスト教は広まったという。

この視点から、当時、戦国時代にキリスト教を保護したり、改宗したキリシタン大名が出た地域を概観すると、有名どころでは、大分の大友宗麟、長崎の大村純忠、長崎港を開港した日野江城主の有馬晴信、大阪府の高槻城主・高山右近父子、熊本県の宇土城主・小西行長、福島県会津城主・蒲生氏郷などではないか。

これは大分以外は、不思議なことに、2章に掲載した【表1】「世界に出た戦前移民の県別移住者数、および明治新政府やキリシタン大名との関係」、【表3】「ブラジルへの県別移住者数と代表的な人物」の上位地域と重なる。キリシタンが出た地域は、その当時から社会格差に苦しんでいた地域であり、それゆえに改宗したし、禁教となった後もひたすら信仰を貫いた。そして同じ社会構造が残る中で、明治以降にそれを押し出し圧力として、海外移住にも積極的に応じていったのかもしれない。

中でも現在の熊本県天草地方には、キリスト教徒が固まっていた。１６３４年から4年間に及ぶ水不足によってこの地方で飢饉が続いたにも関わらず、年貢の取立てが厳しくなった。それを不満として立ち上がった農民たちにより一揆が組織され、「島原・天草一揆」、通称「天草の乱」（１６３７年12月11日―１６３８

年4月12日）が起こった。この一揆軍は3万7千人にのぼり、総大将は当時16歳の少年天草四郎（益田四郎時貞）だった。富岡城（天草郡苓北町）などの戦いを経て原城（南島原市）に立てこもり、翌年、幕府軍によって原城は落城、内通者であった南蛮絵師の山田右衛門作一人を残し、全員が殺された。

一揆軍の狙いは、これを機に日本国内のキリシタンを蜂起させて内乱状態とし、さらにはポルトガルの援軍を期待していたと考える研究者もいる。一説によれば、キリシタンは16世紀末の最盛期には日本の人口の10%を占めていたので、万が一、一揆が飛び火すれば幕府に大きな被害を生む可能性があった。実際に一揆軍は日本各地の潜伏キリシタン集団に使者を派遣しており、ポルトガル商館がある長崎へ向けて侵行を試みていた。

日本の歴史上最大規模の一揆であり、幕末以前としては最後の本格的な内戦だった。しかもポルトガルという当時の欧州覇権国の干渉を期待して一揆をおこすというあり方は、当時としては前代未聞のグローバルな発想だった。その分、江戸幕府に対する衝撃は大きく、この1年半後にポルトガル人が追放されて鎖国は完成し、キリスト教徒を摘発・弾圧するための制度として、各人所属の宗教を検査する「宗門改《しゅうもんあらため》」が始まった。

禁教後、そのようなキリシタンの多くは迫害を受けて殉教したり、改宗するが、一部は隠れキリシタンとなって潜伏した。

『大航海時代の日本人奴隷』（ルシオ・デ・ソウザ、岡美穂子著、中公叢書、２０１７年）には、興味深い最新の研究成果が集められている。どうやらフランシスコ・ハポンのような裁判事例はアルゼンチンだけではないようだ。

記録に散見される限りでは、これらの日本人奴隷の出身地に、「豊後」(7)が多く見られるのは事実であ

（7）現在の大分県の大部分

> るが、であるからと言って、天正七年（一五七九）にキリシタンに改宗した大友宗麟が積極的に奴隷貿易に関与したとは言い難い。というのも、「乱取り」[8]は大友氏と敵対した島津領でよく見られた現象であったし、豊後出身であるということは、むしろ大友対島津の戦争で捕らえられた豊後領民が、薩摩経由で長崎へ運ばれたと考える方が自然であるからである。戦国時代に流出した日本人の奴隷は、このような戦争捕虜であるばかりでなく、誘拐された子供、親に売られた子供なども多くあった。これらの事例では往々にして、日本人側の理解では、「奴隷」ではなく、期限付きの隷属、すなわち「年季奉公」の感覚であった可能性が考えられる。というのも、メキシコやアルゼンチン、ポルトガル、スペインなど、世界中に残る一六世紀の日本人奴隷に関係する史料のうち、「自分は本来ならば奴隷ではない」ことを主張して、わが身の解放を求める訴訟に関するものが、相当数存在するからである。（173ページ）

キリシタン大名の関与がどの程度であれ、キリシタンが多かった九州地域から日本人奴隷もしくは、日本人海外渡航者が多く出たのは間違いない。秀吉が宣教師追放令を出したのは、アルゼンチンで日本人が奴隷として売られた翌年だ。そんな時代背景が、彼をして日本を出させる理由になったのだろう。フランシスコ・ハポンという名前も洗礼名にちなんだもので、イエズス会のザビエルと関係があった可能性がある。いずれにせよ、なにかの理想を西洋社会に夢見て、単身南米まで渡ったクリスチャンと想像される。自由渡航者として渡ったのに、途中でポルトガル人商人に騙され奴隷として売られたが、裁判で自由を勝ち取ったと推測できる。

前出の『コルドバ』には、次のような分析もある。

> （前略）キリスト教の取締りが厳しくなると、信者の中には自発的に、あるいは強制的に朱印船に便乗して海外に渡る者が多くいた。また一方、戦国争覇で各地に戦乱が繰り返され、大名の栄枯盛衰も激し

く、敗亡の大名の家来の中には国内で身の振りどころがなく、海外に飛び出す者も出て、この浪人問題は当時の日本の重大な社会問題となり、多くの浪人が海外に移住を求めるようになった。つまりキリスト教に対する弾圧と戦乱の浪人が日本移民の始めといわれる。(11ページ)

百年以上の長い戦乱の続いた戦国時代を嫌って、数千人の日本人が海外のあちこちに町を形成し、さらにそこからも飛び出て南米までやって来たものまでいた。

(前略)さらに、当時日本の置かれていた社会情勢から推してこの青年の出国を考えた場合、熱烈なカトリック信者であったか、もしくは戦乱の浪人『侍』であったともいえる。いずれにせよ同民族間で限りない闘争に明け暮れる日本に見切りをつけ、たまたまポルトガル人に嘆願し、新天地を求める好奇心と活路を求める意で大きな野望を抱き、ポルトガル船に乗り込み、大陸アルゼンチンに来た『最初の南米日本人移民』だった、と史実に基づいて断定してよかろう。(11ページ)

つまり、日本を飛び出したキリシタン浪人だった可能性を指摘している。新天地に大志をもって乗り込んだサムライであれば、まさに南米移民の先達にふさわしい。

アンジローの存在

ザビエルを日本に導いた日本人「アンジロー」(もしくはヤジロー)は、マラッカで彼に出会って気に入られた。ザビエルに若い時に犯した人殺しを告解し、日本人で初めてのキリスト教徒になった。日本の仏教

(8)「乱取り」とは、戦国時代から安土桃山時代にかけて行われた行為で、戦いの後で兵士が人や物を掠奪すること。戦場の近くの村を襲って、農作物を奪うだけでなく、女子供をさらって売り払ったり、奴隷にすることも行われていたという。

や神道では救われず、西洋の宗教に救いを求めた最初の日本人だ。彼がいたからザビエルは日本布教を思い立ったし、最初の西洋言語翻訳者として西洋文明を日本語にした人物となる。

ポルトガル語で「アンジェロ」といえば男性名で、天使を意味する。本名はヤジローだが「アンジェロ」とポルトガル人にあだ名をつけられたか、本人が名乗っていたのを、日本人が聞いて「アンジロー」と聞き間違え、それが定着した可能性がある。薩摩国または大隅国（共に鹿児島）の出身。

『ザビエルの同伴者アンジロー　―戦国時代の国際人』（岸野久、吉川弘文館、２００１年）によれば、将来の日本布教メンバーに相応しいとザビエルは考え、アンジローの下人（洗礼名ジョアネ）と同じく日本人奴隷の男（洗礼名アントニオ）をインドのゴアに連れていった。ポルトガル植民地全体から選りすぐりの人間を集めて、布教に役立つ人材を育てる最高峰のカトリック教育機関「聖パウロ学院」に入学させるためだ。そこには中国人2人もいた。3人は神学を勉強し、ゴアのボン・ジェズス教会で１５４８年の精霊降誕祭の時に洗礼を受け、アンジローは「パウロ・デ・サンタ・フェ」（聖なる信仰のパウロ）を名乗るようになった。日本人初のキリスト教徒の誕生だ。

アンジローは鹿児島の有力武士階級か富裕商人出身の家に１５１１年か12年に生まれた。日本在住時からポルトガル語が堪能で、ポルトガル商人とも交流がある貿易商を営んでいたようだ。ただし、１５４６年から47年ごろに鹿児島で「ある理由」により殺人を犯し、追われる身になり、下人と共に友人のポルトガル商人アルヴァロ・ヴァスの紹介でポルトガル商船による海外脱出を図った。この時、本来乗るはずだった船でなく、ジョルジェ・アルヴァレス（Jorge Álvares）船長の船に乗り込んだことが後の歴史を大きく変えることになった。この船長はザビエルの親友だったからだ。

この縁で、１５４７年12月にザビエルにマラッカで会うことができた。ゴアの聖パウロ学院で勉強した後、

1549年4月15日にアンジローはザビエル、イエズス会士コスメ・デ・トーレス神父、ファン・フェルナンデス修道士、中国人マヌエル、インド人アマドールらとジャンク船でゴアを出発し、8月15日に鹿児島・坊津に上陸した。日本におけるキリスト教布教の第一歩だ。

アンジローはザビエルの通訳をし、時の薩摩国主島津貴久との面会や民衆への布教などで活躍した。日本では主だった人々はみな読み書きができることを知ったザビエルは、キリスト教の教義を翻訳することを重んじた。アンジローが担当し、「デウス（神）」などの概念やお祈りで使う聖句を日本語にした。

その後、1551年にザビエルは鹿児島を退去し、アンジローは再び全てを捨てて鹿児島から居なくなる。この理由は諸説あり、わかっていない。前述書によれば、アンジローに批判的なフロイスは「利益を求めて海賊行為に身を転じた」といい、旅行家メンデス・ピントや日本で宣教活動をしてアンジローに同情的なジョアン・ロドリゲスは、「仏僧からの迫害で脱出を余儀なくされた」とする。ただし、中国に渡った後、倭寇に加わり戦いの中で死んだ点に関しては共通している。

ブラジル移民先駆者・星名との共通点

アンジローに関して調べるうちに、ブラジル移民史にも似たような人物いると思い当った。ブラジル初の邦字紙、週刊『南米』を創立した星名謙一郎だ。彼はその創刊にさかのぼる約20年前、ハワイでも日本語新聞経営に携わった経験を持っていた。

星名は1887年、東京英和学校（現・青山学院）卒業後、中国上海へ。移植民に興味を持つようになり、1891年までに契約労働者としてハワイに渡った。甘諸農園ではたらき、労働条件改善のためにストライキを先導したりしている。キリスト教の伝道でも活躍したキリスト教徒で、1895年からホノルルに出て、税関の通訳をしながら日本語新聞を発行していた。

前山隆によれば、ハワイで星名が関わった『日本週報』は「謄写版刷り、雑誌体で、表紙に英文紙名と日本字紙名が併記され、椰子の樹、ダイヤモンドヘッドらしき山、サトウキビの畑の挿絵が刷られている。『南米』の体裁と印刷法はすべてこれを踏襲している」（前山『三浦鑿の生涯』218ページ）とある。最初の『日本週報』（1892年）から、星名が北米本土に渡った1904（明治37）年までの間だけで、ハワイでは実に30紙（誌）が盛衰するという邦字紙激動期を星名はすでに体験していた。(9)『流転の跡』（輪湖俊午郎、1941年、自家版、131ページ）によれば、ハワイの邦字新聞を経営している時代に、のちの彼の人生を大きく左右する大事件が起きたようだ。

星名は布哇《ハワイ》における最初の邦字新聞を発行し、その経営にあたっていたが、あるとき三面記事に端を発して移住地にありがちなゴロツキの襲撃を受けた。一徹短慮の星名はこれを組打ちしてその男を投げつけ、首を締めたらそのまままいつて仕舞った。それから事件はもちろん裁判沙汰となつたが、一般の同情もあり支援もあった結果、正当防衛と判決が下り、金五弗也の罰金で事済んだ。しかし熱心なクリスチャンであり、例令それが餘儀《よぎ》のない過失であつたにせよ、人間の生命を彼自らの手によって断つたと言う事が、ながく星名の悩みの種となり、それが性格の上にも影響せずにはいなかった。（中略）人生之闘争、我肉体を無意義には犠牲にすまじと彼は考ふるに至つた。このことがあつて以来、星名はハワイがいやになり、後北米本土に転じ、テキサスの南部で永く米作に従事していた。

「とにかく、ただものではない」と当時のブラジルの日本移民の間で言われる背景には、悲しい過去があったようだ。「往事を聞いても星名は多くを語るのを好まず、『過去を語る人間に将来はないのだぞ、

ただ進むのみだ』と苦笑するのを常とした。（一部、現代表記に変更）

星名は1916年に『南米』を創刊し、それを使って1917年からブレジョン植民地の土地売りを行った。一族郎党を引き連れた小笠原尚衛からの出資も得て、最初期の日本人集団地「ブレジョン植民地」に住んでいたが、土地問題で対立のあったブラジル人に自宅を襲撃されて同棲していたお玉を射殺され、1926年には自分自身も駅で汽車を待っていたところを元使用人に射殺されたというハードボイルドな人生を歩んだ。

新しい時代を切り開くような人物、通常なら人がいかないような場所まで足を踏み入れて住んでしまうような人物は、ただものではない。ある種、手負いのケモノのような凶暴さ、獰猛さを秘めた人材ではないか。フランシスコ・ハポンという人物にも、同じ様な勢いがあったからこそ、1590年代当時、日本人としては前人未到の地球の反対側アルゼンチンまでいった。それには、それに見合う動機、物語があったに違いない。しかも、スペイン語が堪能で、裁判を争うような闘争心や知識を兼ね備えていた。相当な知識人のキリシタンであったに違いない。

星名謙一郎（『移民四十年史』香山六郎編著、1949年）

ペルーに日本人20人の記録も

大城徹三は、ポルトガル商人がインド洋回りでフランシス

（9）前山隆著『風狂の記者・ブラジルの新聞人三浦鑿の生涯』、2002年、お茶の水書房

コ・ハポンをブエノス・アイレス港に連れてきた説をとっている。だが、当時の事情を調べていくと、別の可能性も見えてくる。

1600年前後の南米における日本人の記録は、驚くべき事にアルゼンチンの例だけではない。ペルーに20人もが住んでいた記録があるという。在亜日系団体連合会（FANA）のサイト（http://fananikkei.exblog.jp/6461148/）の『同日本人移民史』要約で、「当時、アルゼンチン領土まで含むペルー副王領において、フランシスコ・ハポンだけでなく、十七世紀初頭、二十人ほどの〝日本人種土人〟が新世界に連れて来られ、ペルーのリマに〝奴隷〟として住んでいた」という記述を読み、驚いた。

1614年に行われたリマ市人口調査の報告に20人の日本人の居住記録があるのだという。さっそく調べてみると、これは流通経済大学社会学部の関哲行教授の貴重な研究論文「17世紀初頭のペルーのアジア人移民―強制移民（奴隷）を含めて―」（2007年）に詳しく書かれている内容だった。

1613年の人口調査によれば、リマの人口約25000人のうち、スペイン人が約10000人、黒人10000人（大多数は奴隷）、インディオ約2000人、メスティーソ約1000人であり、アジア人――人口調査ではインディオに分類された――は114人であった。114人のアジア人の内訳は、中国人38人、日本人20人、ポルトガル領インドの出身者56人であり、法的には自由人62人、奴隷と解放奴隷52人であった。

この人口調査の目的と概要は、《スペイン帝国を再建するには、ポトシ銀山を抱えたペルー副王領の人的物的資源の動員、民衆教化が不可欠であり、マイノリティーであるアジア人移民についてすら、その名前、性別、年齢、職業、出身地などが調査されている》というものだった。

関教授は、この「アジア人移民」の移住動機を《社会経済的安定や上昇を求め、スペイン人の奉公人として移住した人々》とみており、移住ルートとしては《主にメキシコ経由でポトシ銀山を有するペルー副王領の首都リマに定住した》と解説している。ということは、インド洋周りでヨーロッパ経由ではなく、太平洋回りでまずメキシコに上陸し、そこから陸路などを通ってリマに来たことを想定している。

このアジア人移民のもともとの居住地はフィリピンのマニラで、《リマはマニラと同様にスペイン帝国の一部を構成する都市であり、支配言語や宗教、都市の政治・経済・法制度が比較的近く、マニラのアジア人にとって移住しやすい都市であったろう》としている。1600年代初めのマニラには約2千人の日本人町があり、キリシタンも数多く住んでいたとみられる。

同人口調査にあるアジア人の自由人62人のうち、詳しく属性が分かるのは30人のみで、同論文によれば男性20人、女性10人。年齢構成は15～35歳という働き盛りが中心で、まさにフランシスコ・ハポン（21歳）はこの年齢層の中でも若い部類に入る。

さらに職業では、男性の多くが繊維関連手工業、女性は主に家内労働だった。彼らの出身地は《マニラとその近郊が最も多く、その中には長崎出身と推定される日本人ひだえり職[10]も確認される》とあり、手に職のある技術者が移り住んだようだ。

奴隷および解放奴隷も

一方、アジア人の「奴隷もしくは解放奴隷」52人の出身に関しては、日本人5人と記されている。大半は

（10）前掲の天正遣欧少年使節の絵にあるような首に襟もとをつける仕立ての方法のこと。中世に王族や貴族、裕福な市民の間で流行した。日本でも南蛮衣装の一部として知られる。

自由人だが、やはり奴隷もいたわけだ。年齢層では16～35歳が23人と多数をしめた。奴隷にされた理由について関教授は《王権への反逆、布教活動の妨害、債務》としている。

奴隷価格に関しては、その人口調査から一人だけが推定できるといい、日本人皮革職により解放された24歳のアジア人女奴隷は《解放金の価格から判断して、300ペソ弱であったと思われる》とある。当時の「日本人皮革職人」というのは、被差別部落的な層の職人の可能性がある。さらに関教授は《同時期のリマの黒人女奴隷（16～25歳）の平均価格が473ペソであったことを考えると、アジア人女奴隷の価格は黒人女奴隷の価格より約35パーセント安価であったことになる》と分析している。

その理由として、《アジア人を含むインディオの多くが自由人とされたこと、天然痘やペストといった疫病への抵抗力がなく、死亡率が高いと考えられていたことが、アジア人奴隷の価格を押し下げた主要因であった》と挙げている。

男女の別はあるが、コルドバのフランシスコ・ハポンに「人頭税なしで八百ペソ」という値段が付けられていたのは、やはりかなり高値といえそうだ。

アジア人奴隷の大半は「家内労働と手工業」に携わっていた。その所有者が分かるのは42人の奴隷のうち25人で、《有力者とその妻10人、商人と船長7人、軍人と官僚5人、修道会関連2人、寡婦1人》であり、《有力者が社会的威信を強化するための「権威財」として、アジア人奴隷を所有する傾向が認められる～》との一般的な傾向を記している。

奴隷の生活の様子に関しては、《所有者の屋敷内の小屋や屋根裏部屋に居住し、質素な食事と衣服、靴を給付されて、家内労働や手工業に従事した。逃亡を試みて失敗した奴隷や反抗的な奴隷には焼印が押され、女性奴隷は所有者の側妾となり、庶子をもうけることも少なくなかった》と書かれている。

このことは、アルゼンチンの青年のケースが例外的な存在ではなく、むしろ当時、あちこちにいたことを示唆するものと言える。スペイン人が植民地を作った場所では、日本人の自由人職人、奴隷も一般的に使われていた可能性すらある。

１４９４年にローマ法王の裁定により、ポルトガルとスペインはトリデシリャス条約を結び、カーボ・ヴェルデ群島の西方２２２０キロ地点から東をポルトガル領にし、西側をスペインと定めた。そのためスペインはパナマ両岸に港を作り、中米から太平洋岸を南下した。

南米では、スペインの遠征軍が１５３３年にペルーのインカ帝国を蹂躙し、植民地政策をとって南下を始めていた。１５７２年、最後のインカ帝国皇帝トゥパク・アマルーが処刑され、栄華を誇った文明は根こそぎ破壊された。スペイン人はさらに南下して現在のボリビア、チリ、アルゼンチンの地域を次々に征服した。その流れから考えれば、１５４３年に開かれた副王領（スペイン王国の代理行政機関）であるリマに、１６１４年当時、日本人が20人いたことは何の不思議もない。

その流れの中でアンデス山脈を越えた彼らは、コルドバを１５７３年に拓いた。フランシスコス・ハポンが奴隷として売られた１５９６年のわずか23年前だ。この日本人青年は、そんな世界的な開拓最前線に立ちあっていた。

鎖国後の海外在住日本人

月刊誌『世界』（岩波書店）２０１２年3月号に掲載された、寺島実郎（三井物産戦略研究所会長）の連載「脳力のレッスン」は、《江戸時代、日本が「鎖国」といわれた対外政策をとった時代の直前、七万人ともいわれる日本人がアジアに展開していた時代が存在した。それを「日本の大航海時代」と呼ぶのは誇張に聞こえるが、確かにポルトガルやスペイン、オランダが相次いで日本に迫ってきただけでなく、一六世紀の後半から一七世紀の前半にかけて、日本人も勇躍、海を越えて現在のベトナムやタイにまで展開していたのである》との書き出しから始まる。

7万人の根拠として《一六〇四年から幕府が海外渡航を禁止した一六三五年（寛永一二年）までの三一年間、朱印状を与えられた南洋渡航船が三五六隻も海を渡った。これに伴い、海外渡航した日本人は累計約七万人、南洋に移住した日本人は七千人から一万人と推計される》と説明する。つまり7万人は延べ数で、実数では7千~1万人だ。

その人たちが集住したのが日本町だ。続いて、《この海外展開によって日本人が集団的に居住した「日本人町」は七カ所、安南（現在のベトナム）にツーラン、フェフォの二カ所、呂宋（現在のフィリピン）にマニラなど二カ所、カンボジアにプノンペンなど二カ所、シャム（現在のタイ）のアユタヤであったという。貿易を扱う商人が主であったが、関ヶ原や大阪の陣の敗残浪人、追放されたキリシタンなども少なくなかった》と書いている。フランシスコ・ハポンもそのような一人かもしれない。

中でも最盛期には1千から1500人以上の日本人が居住したと言われるタイのアユタヤは特に有名だ。それ以外にもフィリピンのマニラ、ベトナムのホイアン、マレー半島のパタニ王国、カンボジアのプノンペンなどがある。

これらは、1633年の「第1次鎖国令」で、海外に5年以上居留する日本人の帰国を禁じられた。なぜ5年なのか不思議だが、当時は5年外国に住んだものは「日本的でない」部分を強くすると思われていたのか。さらに1635年「第3次鎖国令」がでて、中国・オランダなど外国船の入港を長崎のみに限定。東南アジア方面への日本人の渡航及び日本人の帰国を完全に禁じた。

では、そのまま帰れなくなった者たちは、どうしたのか？　『１４９３—Como o intercâmbio entre o novo e o velho mundo moldou os dias de hoje』（１４９３年＝旧世界と新世界の交流はどのように現在の原形を作ったか、著者：CHARLES C. MANN、Verus editora 社、２０１２年、カンピーナス、ブラジル）には、謎の一端を紐解くような刺激的な解説がされている。

17世紀の初め、マニラ湾でスペイン人たちが新しい船を建造している時に従事していたフィリピン人やフィジー人は、徐々にその建造技術や航海術を盗み、スペイン人にとって代わるようになってきた。ウルダネータ(11)が最初の太平洋横断（西から東へ）を無事に成功させた１５６５年、その直ぐ後には、あるものはメキシコまで航海していた。（この航海で、彼はアジア人奴隷をアカプルコの北西にあるコユカ(12)の彼の大農園まで送っている）。スラック(13)は、アジア人たちはその随行船団の乗組員の60～80%を占めていたと推測しており、彼らの多くはそのままマニラには戻らなかった。例えば、ガレオン船「エスピリット・サント号」が１６１８年にアカプルコに到着した時、アジア人の乗組員75人がそこで降りてしまい、戻る時には5人しかいなかった。長い期間をかけて、数えきれないほどの乗組員がアメリカ大陸に到着して任務を放棄し、現地の造船関連や公共事業・要塞の建築などの仕事に雇われていった。(14)

（11）アンドレス・デ・ウルダネータ（１４９８年—１５６８年）バスク人。船員、探検家、聖アウグスチノ修道会の修道士。フィリピンから太平洋を渡って、ヌエバ・エスパーニャ（現メキシコ）のアカプルコに至る航路を開拓した人物。
（12）coyuca
（13）Edward Slack 歴史学教授、米国イースタン・ワシントン大学
（14）『１４９３』４０４ページ

『1493』には、鎖国後の日本人に関してもこのような興味深い記述がある。

〝Chino〟（チノ、中国人）と総称されるようなアジア人移住者たちは、「銀街道」[15]（アカプルコからメキシコ・シティ、プエブラ、ヴェラクルス）をゆっくりと広がって行った。実際のところ、この街道は彼ら（アジア人）、特に刀で武装した日本人のサムライ——中国人がマニラで1603年と1609年に反乱を起こした時にも鎮圧に力を発揮した——によって護衛されていた。日本が1630年代に外国人に門戸を閉じた時、行き場を失って放棄された数百、数千の在外邦人は、メキシコに移住した。最初こそ副王は、メスティーソ[16]、ムラート[17]、黒人、ザンバイゴ[18]、中国人の武器の携帯を禁じたが、サムライには特例として、銀の輸送の護衛で刀などの武器を使うことを許した。当時は逃亡奴隷が山中に潜伏して盗賊となり、銀強盗を繰り返していた。（405ページ）

ここから分かることは、実は1630年代に日本人はメキシコまでは数千人規模で大挙渡っていたことだ。1600年頃にペルーにアジア系が100人以上いたのも、ここからの流れだということが推測される。であれば、やはりフランシスコ・ハポンがスペイン人ルートから直接にコルドバに行った可能性も大だ。そしてこのルートの特徴は、その大半が自由人であるという点だ。ならば、フランシスコ・ハポンがそう裁判で争ったのも肯ける。日本史には、この時代に大きなミッシングリンクがある。専門家の人たちにしっかりと調べてほしいところだ。

（15）太平洋岸の港町アカプルコから内陸の高原の町メキシコ・シティを通って、プエブロ、カリブ海の港町ヴェラクルスまで続くルート。南アメリカで採掘された銀を運んだ。
（16）白人とラテンアメリカの先住民インディオとの混血。
（17）白人と黒人の混血。
（18）中国人とインド人の混血。

Ⅱ 明治という時代に不満があったものたち

「海外発展の先駆者」か「食いつめもの」か

「なぜ北海道・東北、中国・九州地方の移民が多いのか」――これはずっと前から、頭の隅にあった疑問だった。そして日本の有名評論家・大宅壮一が１９５４年に取材旅行でサンパウロに立ち寄って講演した際に言った「明治が見たければブラジルに行け！」との言葉も気にかかっていた。ブラジル日系社会のどんな部分が明治の気風なのか。

あるとき、隠れキリシタンの存在や明治維新、戊辰戦争、その後の士族の反乱と関係がないだろうかと思いつき、移民史の主

1939（昭和 14）年に海外興業株式会社が新聞に出していたブラジル移民を募る募集広告

だった登場人物の出身地を気にしながら、その視点から読み直すと、思いのほか合点がいくことが多いと気付いた。日本の近代史と移民史は、しっかりと噛み合っている—そう改めて確信した。

なぜ多くの日本人が、地球の反対側のブラジルまでわざわざやって来たのか。その最大の理由は、日本では食べられなかったからだ。溝部義雄は〈「グズ安」と薩摩ビワ〉(19)というコラムを書いている。

> 一九二〇年頃からコンデ街(20)に鹿児島県人の仕立屋が住んでいた。本名は藤安吉之助、人呼んでグズ安、このグズ安、酒好きだが飲めば必ずクダを巻き、その後でサツマビワをうなる、その文句というのが、ブラジルは良き国なり、日本で麦飯しか食えなかったワヤ、牛肉に玉子がウンと食えようがや、ブラジルは良き国なり、バナナにマンジョーカ(21)はうんとあるなり、ワヤひもじい目せんでよか、ブラジルは良か国なり。
>
> 飲んだくれのたわごと、一見取るに足りぬようだが、ブラジル移民の要諦はこのグズ安の放言につきる。

溝部義雄は山口県出身で、戦前には日伯新聞の編集に携わり、終戦直後に発行された負け組系邦字紙「パウリスタ新聞」で初代編集長を務めたインテリだ。勝ち負け抗争の最初の犠牲者となったバストス産業組合専務・溝部幾太の弟でもある。

また、社会派小説家・石川達三の作家としての原点は、１９３０年、25歳の時に一千人の移民とともに「ら・ぷらた丸」に乗り込むために集まった神戸の移民収容所のこんな光景だった。彼の出身地は、秋田県平鹿郡横手町（現・横手市）で、戊辰戦争では庄内藩を中心とする旧幕府軍（奥羽越列藩同盟）が、新政府側についた久保田（秋田）藩の横手城を攻略する激しい戦いが繰り広げられた「横手の戦い」の舞台だ。

石川達三はわずか半年間で日本に帰国しているが、その間の体験と知見が出世作『蒼氓《そうぼう》』に凝縮され、第

1回芥川賞を受賞した。

指定された三ノ宮駅上の移民収容所に、指定された三月八日の朝、身のまわりの荷物を持って集合した時になって、私のいい加減な了見はたたきのめされたような気がした。そこに全国の農村から集まった千人以上の農民家族は、みな家を捨て田畑を捨てて、起死回生の地を南米に求めようという必死の人たちだった。その貧しさ、そのみじめさ。日本の政治と日本の経済とのあらゆる『手落ち』が彼らをして郷土を捨てさせ異国へ流れて行かせるのだった。移民とは口実で、本当は『棄民だ』と言われていた。小雨の降る寒い日だった。バラックの待合室の中は人いきれとみじめさで、居たたまれなかった。私は雨の中にひとり出て行き、赤土の崖のふちにうずくまり、だれにも顔を見られないようにして、しばらく泣いていた。

私はこれまでに、こんなに巨大な日本の現実を目にしたことはなかった。そしてこの衝撃を、私は書かねばならぬと思った。これを書くだけの力はない。しかしいつの日か、何とかして書かなくてはならぬと思った。私はこの時はじめて『作家』になったのかもしれない。

石川達三が「ら・ぷらた丸」の船中で書いたメモをまとめた『最近南米往来記』（中公文庫、1981年）には、神戸の移民収容所でみた光景に関する次のような分析も記されている。

瑞穂の国日本は文化日々盛んである。七千万人の人々が生を楽しんでいる。それだのになぜ彼らは外国へ出て行くのであろうか。何ゆえにかかる憂鬱を体験しなければならないのか。

(19)『在伯山口県人　移り来て五十年』464ページ
(20)最初の頃の日本人街があった場所
(21)キャッサバ芋

彼らはそれを知らない。知らないから平和でいる。だが私は知っている。日に日に回転速度を増す文明日本の、その回転の遠心力を支え切れずに抛り出された者――それがこの一千人なんだ。抛り出されたことも知らずに「自分で働きに行くんだ」と彼らは言う。誰が彼らをそうさせたか――私は言いたくない。

だが、かかる彼らに向かって餞別の意味において呈せられた言葉だけは言ってもいい。曰く、「海外発展の先駆者！」

本当のことを言えば、うそもかくしもない。彼らこそは、国家が養い切れずに、仕方なしに外国へ奉公にやるものであって、ここにこそ農村問題そのものの現実的一面もあり社会組織改変の痛切なる要求もある筈なんだ。それを、何一言をも言わずに、憂鬱な顔をして、春雨の港と海を見下す彼らこそは、またなく悲しき存在なのではあるまいか――。（12～13ページ）

1946年10月に創刊して2018年12月に廃刊したサンパウロ新聞でほぼ半世紀にわたって万年編集長を務めていた内山勝男（新潟県上越市）は1910年に生まれ、20歳だった1930年にブラジルへ移住した。石川達三と同船者で、彼についての思い出が『舞楽而留（ブラジル）ラプソディ』（PMC出版、1993年）に、こう記されている。

石川さんの回想にもあった一九三〇年当時の日本は不況のまっただ中で、大学は出たけれど勤め口はなく、就職浪人がたくさん巷にあふれ、政治の舞台では治安維持法による赤狩りが続き、やりきれない息苦しさが感じられる時代だった。そのうえに徴兵が否応なしにやってきた。当時のインテリは「祝入営」のノボリの代わりに「祝入獄」などと書いて精いっぱいの抵抗を試みる仲間もいた。徴兵検査で不合格になるべく醤油を飲んではねられることを狙う仲間もいた。それを飲むと体が衰弱するというのである。さらには、海外移住を表向きの理由に、日本を逃げ出す者もいた。

自由な天地でのんびり暮らしたい、兵隊になんか行くのはいやだ、という気持ちは私にしても同じで、ブラジル行きを決めた本当の動機もここにあった。とくに、兵隊に行くのがいやだった。(28ページ)

このように当時、インテリ学生でブラジルに向かったものの本心には、兵役逃れという部分は大きかった。石川達三は非常に重く、暗く、衝撃的な筆致で描いているが、同じ船に乗っていた内山は《私の記憶している限りでは、船内の空気は意外に明るく屈託のないものだった。石川さんのはきっと作家としての内証的風景だったのだろう》と記している。

乗客もいたって陽気で、若い人たちはギターを鳴らしてはしゃいだり、甲板をかけ回ったりして、『蒼氓』に描かれるようなじめじめした空気は見当たらなかった。移民は男女とも一様に洋装で、女性は移民収容所近くの店で買ったのだろう、アッパッパのようなワンピースを着てくつろいでいた。傑作なのは、ストーブを買い込んで自慢げにしている者がいたことだ。私は暖かい国に行くのになぜストーブなんかを買ったのかと首をかしげたものだった。ベッドのカーテンの向こうから若い女の裸の足がモモまで丸出しに突き出されていたりして、通りがかりの私をどきまぎさせたこともある。赤道祭も盛大だった。目玉は女王コンテスト。若い女性たちは精いっぱいめかし込んで女王の座を競い、男たちは口笛を鳴らしてひやかしの声をあげた。(14ページ)

移民本人にとっては祖国を離れることを楽観するしかない状況において、不安感は陽気さで振り払うしかない。永住するかもしれない移民本人にとっては屈託のないこんな日常でも、最初から日本へ戻ることを前提とした社会派作家の視線からみると、「社会の『手落ち』の積み重ねが起こした巨大な日本の現実」を象徴する暗くて重い光景に見える。これは、ともに真実であり、両方とも同じぐらい重要な視点だと思う。

このような船が毎年、多い時には毎月のように出航し、年間で2万人以上がブラジルに渡った時期もあった。こんな近代日本史からはみ出てしまった人たちの物語は、祖国からはほとんど顧みられることはなかった。

偏った移住者送り出し地域

明治時代、日本人移民史の初期における重要なキーワードである「経済的に行きづまった人」という部分をベースにして、「戊辰戦争やその後の士族の反乱の激戦地として疲弊した地域」や「自由民権運動の流れの様な明治維新に不満をもっていた人たち」がきたのではないか。言いかえれば、経済的な理由だけでなく、明治維新の〝逆賊〟や〝負け組〟となった地域からも大量に移民がでている点に注目したい。

日本から世界に向かった移民の出身地は、47都道府県すべてに渡っている。だが【表1】「世界に出た戦前移民の県別移住者数、および明治新政府やキリシタン大名との関係」にあるように、戦前に日本を出て世界に向かった移民輩出県は、上位25県で90％を占めている。

なかでも上位10県（広島県、沖縄県、熊本県、福岡県、山口県、和歌山県、福島県、北海道、岡山県、長崎県）では70％だ。なぜこんなに偏るかといえば、そこに当時の明治独特の政治・経済をふくんだ時代背景があったからではないか。

急激な人口増や、開国による産業構造転換で農村からの遊離層が大量に生じていた広島県や山口県などの中国地方、差別的な扱いを受けてきた沖縄（琉球処分）、戊辰戦争で幕府側に立って戦った「奥羽越列藩同盟」諸藩（福島県）、徳川御三家だった愛知県・和歌山県・茨城県、士族の反乱が起きた地域や新政府側に組したが中枢に入れず自由民権運動の拠点になった地域（高知県、福岡県、熊本県）だ。

江戸時代の「鎖国」に対して、明治を象徴する言葉は「開国」だ。これは外国からのモノや人、学問、考え方などを受けいれる方向性を示す。その思想的な延長線上にあるのが、日本にいて受け入れるのでなく、自らが外国へ出ていく「移住論」だ。

冷静に欧米の武力による開国圧力を考え、「開国やむなし」と考えた徳川幕府に対し、明治政府は当初、開国とは対極にある尊王攘夷の動きから始まった。だが、政権を手にして実際に執った政策は開国策だった。それどころか、欧米勢力のアジア植民地化に対し、富国強兵策によって徹底抗戦し、自主独立を維持するのみならず、欧米に伍して大陸に拡張していくという方向性を持っていた。そのような志向が徐々に固まっていったのが明治という時代であり、昭和初期の国粋化傾向を経て第2次大戦へと向かう流れとなる。

では「海外移住」という傾向は、どこから生れてきたのか。大きな原因の一つは人口増だ。江戸時代にはほぼ3千万人台に安定していた人口は、明治以降、社会構造や思考様式の変化に伴って急激に増加した。1872（明治5）年の総人口は3480万人だったが、1904（明治37）年には4613万人に増えた。さらに1912（明治45）年に5千万人を超えた。1936（昭和11）年には、6925万人を記録するまでになった。わずか60年余りで倍増した。これが移民押し出し圧力の最たるものだ。

日本政府は《こうした人口増加の背景には、明治以降の農業生産力増大、工業化による経済発展に伴う国民の所得水準の向上と生活の安定、保健・医療等の公衆衛生水準の向上、内乱がない社会の安定等、様々な要因があげられよう》（『平成16年版』版少子化社会白書4ページ）と説明している。

加えて、富国強兵政策がもたらした重税による生活苦から逃れるために、「一時的な出稼ぎ」として移民送り出し圧力は高まっていた。しかし、政府側はかなりはじめの頃から、余剰人口を国外に放出するという

【表１】世界に出た戦前移民の県別移住者数、および明治新政府やキリシタン大名との関係

都道府県名		移住者人数(1899—1941年)	移住者の県別比率(%)	明治維新時の立ち位置	戊辰戦争／士族反乱の有無	自由民権運動に関係した事件	キリシタン大名
1	広島県	96,848	14.8	マージナルマンが多かった中国地方。新政府側			
2	沖縄県	72,227	11.0	中立(琉球王国)			
3	熊本県	68,245	10.4	天草の乱がおきた地。新政府側(肥後藩)として戦ったが要人を輩出できず、西南戦争の主戦場の一つになった	神風連の乱／西南戦争		小西行長、大友義鎮(北九州一帯、豊後・豊前・肥前・肥後・筑前・筑後)
4	福岡県	51,240	7.8	幕府側	秋月の乱	自由民権運動の中心地	黒田孝高、大友義鎮(北九州一帯)
5	山口県	45,223	6.9	マージナルマンが多かった中国地方。新政府側(長州藩)	萩の乱		
6	和歌山県	30,989	4.7	紀州藩は徳川御三家の一つ			
7	福島県	25,923	4.0	会津藩	幕府側(奥羽越列藩同盟側、会津戦争の舞台)	福島事件(1882年)	蒲生氏郷
8	北海道	22,674	3.5	幕府側松前藩は奥羽列藩藩同盟側についていたが、途中で新政府側に寝返った	明治政府の武士階級廃止政策で録を失った士族の多くが、屯田兵制度によって入植した		
9	岡山県	20,839	3.2	幕府側。中国地方			
10	長崎県	19,381	3.0	新政府側(肥前藩)			大村純忠、有馬晴信、大友義鎮(北九州一帯)
11	新潟県	15,633	2.4	会津藩	幕府側(奥羽越列藩同盟側)	高田事件(1883年)	
12	鹿児島県	14,085	2.1	新政府側(薩摩藩)	西南戦争		
13	滋賀県	13,246	2.0	彦根藩は代々徳川家に使えたが、大政奉還以降は新政府側に			蒲生氏郷

都道府県名		移住者人数(1899−1941年)	移住者の県別比率(%)	明治維新時の立ち位置	戊辰戦争／士族反乱の有無	自由民権運動に関係した事件	キリシタン大名
14	静岡県	9,296	1.4	徳川家が駿府(静岡)に移封され、多くの旧幕臣と家族も移り住んだ		静岡事件(1886年)	
15	高知県	9,044	1.4	新政府側(土佐藩)だが、新政府の中心になれず、下野して自由民権運動の中心地に		自由民権運動の中心地。立志社の獄(1877年)	
16	愛媛県	8,714	1.3	幕府側につき長州征伐では先鋒を任された。周防大島で住民への略奪・暴行・虐殺を行い、後に長州藩閥から冷遇			
17	東京都	8,468	1.3	江戸幕府の中心地			
18	兵庫県	8,442	1.3	尼崎藩は幕府側			高山右近、内藤如安(京都府中部、兵庫県北東部、大阪府北部)
19	神奈川県	8,389	1.3	中立			
20	愛知県	7,855	1.2	徳川御三家の一つ		飯田事件(1884年)、名古屋事件(1884年)	
21	宮城県	7,805	1.2	幕府側	幕府側(奥羽越列藩同盟側)		支倉常長(仙台藩士)
22	大阪府	7,696	1.2	幕府側		大阪事件(1885年)	高山右近
23	三重県	6,025	0.9	津藩は新政府、桑名藩は幕府側			筒井定次
24	福井県	5,988	0.9	新政府側			
25	長野県	5,942	0.9	松代藩は新政府側。ただし幕末に世直し一揆が多発。明治時代にも各種一揆		飯田事件(1884年)	
計		590,217	90.1				
全国		655,661	100.0				

『海外移住統計』(国際協力事業団、平成6年10月版) 128〜133ページより

「永住政策」を打ち出しており、その差異は年々強まっていた。移民本人は「一時的な出稼ぎ」として軽い気分でハシゴを登るが、登ったとたんに外され、「永住」にされてしまう構図があった。

それらが、移民押し出し圧力の原因だとしても、タイミングという問題がある。これは戦争や自然災害、恐慌や不景気が関係する。ブラジル日本移民が始まったのは1908年。日露戦争後の恐慌の真っただ中だ。日清戦争では莫大な賠償金が取れたのに対し、日露戦争では賠償金が入らなかった。軍事費が増大したままであり、支配する地域が拡大して財政負担が増大。くわえて、さらに軍事産業、重工業の振興に重点が置かれて、増税をかさねられて農民の暮らしは厳しくなる一方の時代だった。

そして移住先国という方向性だ。最初は1868年にハワイ行きから始まり、北米などに主に向かうが、日露戦争での日本の勝利を受けて、アメリカ合衆国が日本移民の排斥を始め、1924年に排日移民法で完全にストップになった。その間、1908年からブラジルという新しい行き先が開拓され、北米がダメになった直後、1925年ぐらいからのブラジル行きはピークを迎え、1930年代半ばから満州移民へ変わっていく。

【表2】を見れば分かるように、ブラジル移民が一番多かった時代は1926年から1935年の10年間だ。なんと全ブラジル移民の半分以上にあたる約13万人が移住して、「ブラジル移民の団塊世代」を作った。この時代に何があったかと言えば、関東大震災（1923年）と昭和金融恐慌（1927年）、世界恐慌（1929年）だ。だいたい、それまでは年間1千人から3千人ていどと、鳴かず飛ばずだったブラジル移民が激増したのは、政府が渡航費支援を始めたからだ。

その支援は、関東大震災の罹災者の南米移住奨励という形で、震災の翌年1924年2月から始まった。つまり「震災移民」だ。最初は臨時処置だったが、多数の応募者があったことに気を良くした政府は同年7

月、追加予算をつけ、以来毎年、増額計上されるようになった。ここから完全に「国策移住」になった。１９３５年以降にブラジル移民が激減するのは、日本の事情で矛先が満州へと向いたからだ。

１９２９年に始まった世界大恐慌は、米国民の購買力激減をよび、戦前日本の主力輸出品であった生糸生産をする農村を直撃した。これは昭和農業恐慌とよばれ１９３０（昭和５）年から１９３１（昭和６）年にかけて直撃した。くわえて、１９３１年には北海道・東北地方が冷害にみまわれて大凶作となった。都市の失業者が帰農したため、東北地方を中心に農家は飢餓水準の窮乏に陥った。その救済のために被害農民をブラジル移民に振り向けようと、従来なかった渡航支度金一人50円の補助を政府が実施した。これ以降、北海道・東北からの移住が増えた。

そして、最後のピークは戦後の１９５８年から60年だ。戦場となった沖縄県、農家の次男三男、なべ底景気の中で石炭から石油への産業構造の転換によって生じた炭鉱夫の失業者などが大挙してブラジルへ渡った。

【表２】ブラジルへの移住者数（『日本ブラジル交流人名事典』パウリスタ新聞社編・五月書房・1996年）

年　度	移住者数	年　度	移住者数
1952年	54人	1908年	830人
1953年	1,480人	1909年	31人
1954年	3,524人	1910年	947人
1955年	2,657人	1911年	28人
1956年	4,370人	1912年	2,909人
1957年	5,172人	1913年	7,122人
1958年	6,312人	1914年	3,675人
1959年	7,041人	1915年	65人
1960年	6,832人	1916年	165人
1961年	5,146人	1917年	3,899人
1962年	1,830人	1918年	5,522人
1963年	1,230人	1919年	3,022人
1964年	751人	1920年	1,013人
1965年	531人	1921年	840人
1966年	785人	1922年	1,225人
1967年	638人	1923年	895人
1968年	442人	1924年	2,673人
1969年	434人	1925年	6,330人
1970年	454人	1926年	8,407人
1971年	456人	1927年	9,034人
1972年	557人	1928年	11,162人
1973年	383人	1929年	16,648人
1974年	297人	1930年	14,076人
1975年	299人	1931年	5,632人
1976年	353人	1932年	11,678人
1977年	283人	1933年	24,484人
1978年	298人	1934年	21,230人
1979年	230人	1935年	9,611人
1980年	188人	1936年	3,306人
1981年	161人	1937年	4,557人
1982年	61人	1938年	2,524人
1983年	84人	1939年	1,414人
1984年	60人	1940年	1,471人
1985年	45人	1941年	1,883人
1986年	51人	1942年	日伯国交断絶空白時代（1942年～1948年）
1987年	40人	1943年	
1988年	33人	1944年	
1989年	24人	1945年	
1990年	23人	1946年	
1991年	22人	1947年	
1992年	16人	1948年	
1993年	10人		
計	53,657人	計	188,309人

【表３】ブラジルへの県別移住者数と代表的な人物

順位	都道府県名	戦前の移住者数（注１）	戦後の移住者数（注２）	移住者総数	代表的な戦前のブラジル移民関係者
1	熊本	19,804	3,771	23,575	隈部三郎（笠戸丸以前、弁護士を辞めて家族で渡伯）、上塚周平（移民の父）、香山六郎（聖州新報）、上塚司（アマゾン移民導入）、中尾熊喜（県連会長）、水本光任（サンパウロ新聞社長）、安永良耕（プロミッソン市議）
2	沖縄	14,271	6,178	20,449	翁長助成（日本新聞社主）、花城清安（大バナナ園経営）、仲尾権四郎（カンポ・グランデ大農場主）、城間善吉（パウリスタ銀行頭取）
3	福岡	15,959	3,550	19,509	宮崎信造（大正小学校創立）、上野米蔵（パラナ州大農場主）、原田敬太（福博植民地）、郷原重登（日伯裁縫女学校）、古野菊生（文学者）
4	北海道	13,033	3,228	16,261	佐藤常蔵（評論家）、橘富士雄（南米銀行支配人）、丸山昌彦（音楽）、水本すみ子（エスペランサ婦人会会長）
5	広島	12,687	1,342	14,029	竹内秀一（日伯毎日新聞顧問）、アンドウ・ゼンパチ（著述家）、杵磨宗一（ロンドリーナ大コーヒー園）、山田義一（トメアスー移住地功労者）
6	福島	9,999	2,341	12,340	小林美登利（青州義塾）、渡辺儀平（最初の会計師）、安瀬盛次（ノロエステ大農家）、藤田芳郎（太陽堂書店）
7	東京	4,628	3,590	8,218	山本喜誉司（東山農場支配人）、大河内辰夫（柔道）、茨木友次郎（本門仏立宗）、多羅間俊彦（元皇室）
8	山口	5,660	1,934	7,594	福川薩然（戦前に日本病院建設した同仁会の責任者）、溝部義雄（パウリスタ新聞初代編集長）、溝部幾太（バストス産業組合専務）、多羅間鉄輔（領事）、則近正義（文学者）
9	鹿児島	5,465	1,616	7,081	安田良一（移民の草分け）、隈部三郎（同草分け）、渡辺マルガリーダ（救済会）、川端三郎（昭和新聞）
10	高知	5,692	1,353	7,045	水野龍（移民の祖）、三浦鑿（日伯新聞社主）、西原清東（大農場主）、氏原彦馬（北パラナ開拓功労者）、下元健吉（コチア産業組合創立者）、中沢源一郎（南伯農協創立者）、小笠原尚衛（一族60人連れ移住）、崎山比佐衛（植民学校設立）
11	岡山	5,761	828	6,589	後藤武夫（藤崎商会社員）、蜂谷専一（蜂谷兄弟商会）、藤井卓治（文協初代事務局長）、水本毅（リベルダーデ商工会会長）
12	長崎	3,663	2,898	6,561	中村ドミンゴス長八（最初の日本人神父）、山縣勇三郎（実業家）、馬場直（東京植民地）
13	和歌山	4,369	1,615	5,984	松原安太郎（戦後移民を開始）、竹中正（援協会長）
14	長野	4,892	757	5,649	永田稠（日本力行会会長）、輪湖俊午郎（邦字紙創刊請負人）、北原地価造（アリアンサ移住地の父）、宮坂国人（南米銀行創立）
15	佐賀	3,556	1,000	4,556	宮崎八郎（ビリグイ連合日本人会会長）、脇山甚作（元陸軍大佐、バストス産業組合理事長）、牛草茂（野村農牧社長）

（注１）戦前部分は『ブラジルの日本移民』ブラジル日系人実態調査委員会編、東京大学出版会、1964年、232ページより

（注２）戦後部分は『海外移住統計』（国際協力事業団、平成6年10月版）28〜29ページより。1952年から1993年までの合計。

このような経済苦境が一番こたえるのは、不安定な生活環境に置かれている貧困層、被差別階層だった。さらに、政府のやり方に不満を憶えているものは、率先して海外を目指すという傾向があった。

【表3】の「ブラジルへの県別移住者数と代表的な人物」をみると、【表1】の全世界に出た日本移民と、順位こそ入れ替わるが8位までの県名はほぼ一緒だ。つまり、ほぼ同じような傾向があると言っていい。

坂本龍馬（『近世名士写真 其2』（出典：ウィキメディア・コモンズ））

吉田松陰（山口県文書館（出典：ウィキメディア・コモンズ））

領土拡張的な移住論と平和的なそれの違い

「開国論」という思想的な方向性を振り返ってみれば、佐久間象山、横井小楠が代表的な存在だろう。

信濃松代藩士（長野県、移民送り出し県25位）の長男に生れ、大砲の鋳造に成功して西洋砲術家としての名声を轟かした蘭学者の佐久間象山は、1851年に江戸に移住して「五月塾」を開き、砲術・兵学を教えた。ここに勝海舟、吉田松陰、坂本龍馬ら後の明治維新の立役者が続々と入門した。1854年、門弟の吉田松陰がペリーの艦隊で密航を企てて失敗する事件を起こした。松陰から相談をもちかけられ、暗に外国行きを勧めたとされる象山もこの事件に連座して入獄。その後は1862年まで、松代で蟄居させられた。

1864年、象山は一橋慶喜に招かれて京都に行き、公武合体論と開国論を説いた。さらに北海道の開拓、琉球の日本領化、満洲・台湾・フィリピンの領有を主張した。その考え方は、松下村塾の出身者を通して明治維新の政策に影響を与えたといわれる。

もう一人の有名な開国論者は、熊本藩士（熊本県、移民送り出し県3位）の横井小楠だ。明治維新十傑の一人とされ、坂本龍馬、井上毅ら明治維新の立役者や明治政府中枢の多くが横井の影響を受けた。龍馬は1864年2月に訪ね、横井の『国是7条』を聞き、それを原案として『船中八策』を練ったとされる。横井小楠は鎖国・幕藩体制を批判し、「交易」などの立場から新しい国家論を唱えた。

一言に「開国論」といっても、領土拡張的なものと、外交・通商重視のそれと2種類がある。ブラジル移民はどちらなのか。

鹿児島大学（当時）の原口泉教授は、2010年10月20日にサンパウロ市で行った講演会「なぜ今、龍馬なのか」で、「もし龍馬が生きていれば移住や開拓に人生を費やしていた可能性がある。海外雄飛の想いが水野龍（第1回移民船・笠戸丸を運行させてブラジル移民を始めた人物）と共鳴しあっていたかもしれない」との見方をしたのを聞き、感銘をうけた。原口教授はNHKの大河ドラマ『篤姫』の時代考証や、同『龍馬伝』にも深く関わったという。「笠戸丸の時は、龍馬が生きていれば73歳。年齢的に渡伯はしなくても、移住事業にはなんらかの形で関わっていた可能性は否定できない」とも語った。

原口教授は著書『「龍馬の声」が聞こえる手紙』（三笠書房、2011年）の162ページで、龍馬が暗殺される年の3月に書いた手紙の《度ハ既に北行の船も借受申候》という部分を、意訳して《去年から始めようと思っていた北海道開拓の件、今度はすでに船も借りてあります》と紹介している。

龍馬は、日本の将来を左右するのは蝦夷地（北海道）開発だと考え、《神戸海軍操練所時代には、すでに浪士を蝦夷に移して開発と防衛にあたる計画を立てていた》と解説する。もし暗殺されていなければ、翌年の3月中旬から4月1日には出帆したいと傭船の段取りをしていた。それがうまくいっていれば、龍馬本人も時間の問題で、北海道へ渡っていただろう、と。

北添佶磨や、神戸海軍操練所の塾生であった望月亀弥太などと共に、龍馬の蝦夷地開拓への夢は1864年頃からあり、死ぬまで宿願だったようだ。龍馬は暗殺される8日前、陸奥宗光宛に《世界に出るという話、うまくいくかわかりませんが、話は聞きました。最近はおもしろい話が山ほどあります》（同176ページ）と胸をときめかすように書いている。

開国論が具体的に進むと、「海外進出論」や「海外発展論」になり、これが「領土拡張的な方向」と、「外交・通商重視の方向」という2種類の方法論に分かれる。

前者が、「日本が植民地化されないように軍事拡張すべき」、「欧米と同じように日本も海外植民地を持つべき」的な領土拡張論の方向性だ。ただしこれは戦争を伴い、軍事拡張などの準備が必要であり時間がかかる。この方向性は、地理的に隣接する地域への領土拡張、つまり〈1〉北方地域（朝鮮半島や中国大陸）へ進出すべきであるとする「北進論」につながり、日清・日露戦争の勝利を経て、実際にそちらの方向に日本は向かっていった。

ところが明治期はまったなしで人口爆発が起きた時期であり、国内で吸収しきれない余剰人口を、すぐにでも解決する必要があった。そこで窮余の策として出てきたのが、外国就労・海外移住という形で送り出す策だ。こちらがブラジル移民のベースにある。必然的に、まずは〈2〉修好通商条約という外交的な関係を作り、日本政府が移住政策で支援するベースに乗って、移民会社が商業的に移民を募集して運ぶ形だ。

〈2〉の延長で移住先国に「植民地」という名前の日本人集団地を作る。これは「植民地」といっても、日本人が外国に大きな土地を持っていて集団で住んでいる、というだけの状態であり、通常の外交・通商の範囲内の行為だ。明治維新から世界恐慌勃発までの「南進論」、民間・非主流派の対外政策論というカテゴリーの中での動きだった。

ブラジル移民は終始〈2〉の方法論で力が入れられてきたが、満州事変（1931年）以降は、日本政府の移住政策が〈1〉の方法論である、関東軍が主導権をにぎる満蒙開拓団に変わってしまった。南進論という言葉も、軍部主導になってからは、南洋の石油等の資源確保を目指す動きになってしまった。

このように「移住事業」と一口に言っても〈1〉と〈2〉には根本的な違いがある。〈2〉の「平和的な移住」というあり方こそ、南米移住の特徴だ。

ブラジル最初の日本人集団地「イグアッペ植民地」建設計画（1913年開始）の成り行きを見ると、最前線で指揮をした青柳郁太郎の後ろ盾となった代表的人物は大浦兼武だ。彼は第2次大隈内閣の1915年頃まで政界の中枢で農政を牛耳る立場におり、限りなく国策に近い視点からブラジル移民事業を担う「伯剌西爾拓殖株式会社」の設立を主導し、イグアッペ植民地事業を強く推進した。時の桂首相、高橋是清日銀総裁、〝日本の資本主義の父〟渋谷栄一ら錚々たる明治の政財界の要人が労力と私費を惜しまず推し進めた。いわば「準国策」体制で望んだのが、当時のブラジル移植民事業であった。

ただし、この〈2〉南米移植民という方向性に対し、「米国の裏庭・南米に手を出した」とアメリカの逆鱗に触れることをおそれた当時の小村壽太郎外相が、外交的見地から反対した。そして、小村が〈1〉の方向性「満韓政策」にこだわった結果、ブラジル植民事業は正式な国策にならなかった。

昔風にたとえてみれば、ブラジル植民事業は、本来なら正妻になるべく選ばれて主人から寵愛されてきた女性が、結婚直前に孕んだ赤子のような存在ではなかったか。嫡子（正妻の子供=正式な国策）として生まれる予定だったが、やむを得ぬお家の事情でその女性が正妻になることが許されず、結果的に庶子（妾の子＝準国策的な民間事業）として生まれることになった――ような時代背景があった。

この〈1〉「満漢政策」「北進論」と、〈2〉「南進論」「平和的な移住」であるブラジル移住の隙間は、時代を追って大きくなっていく。

明治初期から中期にかけては、「自由民権論」が強く、個人や国民の自由・権利の確立こそが国権を確保するための前提であるとの思想が強く、水野龍らもその上に乗った活動をしていた。だが、明治中期以降は、不平等条約の改正という国家的課題をかかえる状況の中で、国家の権力（国権）が強化されてこそ人民の権利・自由（民権）が保たれるとの「国権論」が圧倒していくようになり、それがやがて国家主義や対外膨張主義へと傾いていった結果、〈1〉へと傾く流れがある。

だが、ブラジル移民史を見ていくと、その国権論に強い影響を受けながらも、それに反発する日本国内の動きが、第2次大戦前に「平和的な移住」を求めてブラジルに流れ込んできた特徴がある。この本のあちこちでそのような事例が現れる。まさに、日本の近代日本史からはみ出てしまった動きだろう。

この二つの方向性の最初の差は、坂本龍馬の頃からあったと原口教授の話から確信した。戊辰戦争のような多くの人が死ぬ「戦の道」ではなく、蝦夷地に新しい世界（移住地）を作って新天地にするという平和的な解決法こそが、龍馬らしい考え方だったと原口教授は力説した。「もし彼が移住していればアイヌなどへの先住民差別もなく、より平和な世界になったかも」との言葉からは、〈2〉の方向性を感じる。

だが1867年11月15日に龍馬は京都・近江屋で暗殺され、翌年に明治政府成立。同年に〝元年者〟と呼ばれるハワイ移民が海を渡った。原口教授は「当時、蝦夷へ行くのもハワイもグアムも、同じような感覚だった」という。

坂本家自体は1897（明治30）年、5代当主の直寛が一族を挙げて北海道に移住したため、高知には同家の人間はないという。坂本直寛は北光社開拓団というキリスト教による理想農場建設運動を組織して高知県人に呼びかけ、集団で入植した。

高知新聞の富尾和方記者は著書『南へ（高知県人中南米移住100年）』（高知新聞社、2009年）の中で、こう書く。「同じ民権家で、北海道に渡った坂本寛は水野龍より六歳上。坂本の北光社開拓団は、水野のブラジル渡航より前に、浦戸湾を出て日本海ルートで北の大地に入植した。水野の伝記に坂本の記述はないが、坂本の挑戦を彼が知らなかったはずはないのではないか」

水野龍の息子・龍三郎に「水野龍は坂本龍馬と知り合いだったという話は聞いたことありますか」と尋ねたら、「親父から坂本龍馬の話はよく聞かされた」と答えた。ただし直接に手紙のやり取りなどがあった証拠はない。でも、同じ時代に土佐藩に生まれた者同士であり、少なくとも水野龍が坂本龍馬から強い影響を受けていたことは間違いない。

自由民権運動がなぜ高知で広がったか。皆さんも歴史を見て頂くとお分かりのように、江戸幕府を倒し明治維新を行うために、薩摩、長州、土佐、肥前の諸藩を連合させたのが坂本龍馬ですが、明治維新後実権を握ったのは薩長です。土佐藩には例えば後藤象二郎がいましたが、すぐに外されてしまう。薩摩の西郷隆盛と一緒に征韓論で排除されてしまうのですが、結果的に土佐は当時の政治の中枢から締め出されてしまった。それが当時の薩長閥に対する反政府運動と根底で結びついています。この点を頭に入れておいて頂きたいと思います。そこで中央政府から外された人たちと、やはり政府の弾圧の対象であったキリスト教には、ある意味共通性があったと考えられます。思想的なものというより、社会的基盤の同一性があったのではないか。(22)

坂本直寛のことは、5章でもう少し詳しく扱う。龍馬が目指そうとした蝦夷地開拓への想いは、直寛へと引き継がれ、北海道に根付いていった。

きっと龍馬の「開国論」「蝦夷地開拓」の先には、〈2〉の平和的な「海外移住」があった。その志を継いだ水野龍によって、ブラジルに移し植えられ、ブラジル社会の各分野で見事な華を咲かせている。おそらく、薩長藩閥政府が〈1〉の大陸拡大政策に向かう中、高知や熊本の民権派の流れは〈2〉平和的な海外移住という、もう一つの日本発展の方法を模索したのだろう。

もしも、ブラジルに渡ったような平和志向の国際的民族派人材が日本に大量に残っていたら、大陸拡張策に反対し、その歴史は少し変わっていたかもしれない。

明治時代の〝負け組〟、太い傍流が主導したブラジル移住

最初の「組織的移民」は、〝元年者〟とよばれるハワイ移住だ。1867（慶応3）年、幕府はハワイ王国駐在領事にサトウキビ農場の労働者募集を許可したが、まもなく幕府自体が崩壊した。翌1868年5月に新政府の許可を受けずに、153人が出発した。これは出稼ぎ的な移民労働者としての動きだ。このように、もともと開国論だった幕府はすでに移住政策を始めていた。

さらに、最初の「北米本土への移民団」は、戊辰戦争で敗れた会津藩から出た。ちょうど150年前の1869年、カリフォルニア州に日本人集団地を作る動きが生まれた。戊辰戦争に敗れた会津藩の藩士が入っ

（22）白井暢明（旭川工業高等専門学校名誉教授）の講演原稿「高知県民の北海道開拓―北見・北光社を中心に―」（「札幌大学総合研究」第2号、2011年3月）

た移民団22人が、藩と交流のあった商人ジョン・ヘンリー・スネルに導かれて、日本の茶と絹生産のための桑の栽培をしながら「若松コロニー」と名付けた入植地を作った。しかし、資金不足により数年で崩壊した。新政府のもとで生きていくより、「外国に活路を見出す」という外国永住志向の試みの最初といえる。

5章で詳述するとおり、江戸時代からの封建的な風土を変える試みという点において、明治時代におけるキリスト教布教と自由民権運動には通底する部分があった。そこで中心的な役割を果たしたのがキリスト教の教育者の新島襄（１８４３年—１８９０年）だ。彼は神田の上州安中藩（現在の群馬県）江戸屋敷で安中藩士の子として生まれ、幕府の軍艦操練所で洋学を学んだという幕府側の人間だった。まだ江戸時代だった１８６４年に密出国してアメリカ合衆国に渡り、キリスト教の洗礼を受けて10年余りも神学を学んだ人物だ。１８５４年に吉田松陰がやろうとしたことを、10年後になしとげた。

大武和三郎（『物故先駆者列伝』（日本移民五十年祭委員会編、1958年））

キリシタン時代以降、初めてポルトガル語辞書を編纂した大武和三郎（１８７２—１９４４年）の生涯は、そんな新島に似たところがある。１８８９年、世界一周中のブラジル軍艦が横浜港に立ち寄った際、パスポートもなしにこっそりと乗り組み、17歳だったその時から4年間をブラジルで過ごしてポルトガル語に習熟した先駆者だ。水野龍の第1回笠戸丸よりも、なんと19年も前の話だ。

大武は帰国後、東京のブラジル公使館（のちに大使館）に勤務しながら個人的な事業としてポルトガル語辞書の編纂に取り組み、１９１８年には『葡和辞典』完成させた。この後のブラジル移民はどれだけ助かったか分からない。当時の庶民たる移民にとって、タダでさえ苦手だった外国語学習。この辞書は〝闇夜の行灯〟だった。

杉村濬第３代公使（『物故先駆者列伝』（日本移民五十年祭委員会編、1958年））

榎本武揚（北海道大学所蔵（出典：ウィキメディア・コモンズ））

『物故先駆者列伝』（日本移民五十年祭委員会編、１９５８年）に大武が渡伯に至った経緯が説明されている。当時、横浜港で英語通訳をしていた大武は、ドン・ペドロ二世の皇孫アウグスト・レオポルド親王に気に入られ、渡伯を勧められた。

大武氏も大いに乗り気になって、父君知康氏にはかったところ、それや面白い、ぜひご同伴願いなさいと渡伯を許してくれた。氏の父君は三河の出身で、徳川譜代の神官の家に生れ、血の気の多い青年で、青年時代の直参の身でありながら、水戸浪士と暗躍して、「悪事度重なる」という理由で、老中からお手判[23]を召し上げられ、変名で世をしのんだこともある快男児、明治政府が出来てからも、政府は薩長の私物だとして、大いに白眼視していた。こうした人柄であったので、すこぶる進歩的なところがあり、大武氏の渡伯を簡単に許したものらしい。

（23）墨で紙におした手形や本人が署名した契約書

このように徳川家につかえていた父の反明治政府的な気風が、子どもに「海外に夢をもとめる」という形で伝わった典型といえそうだ。この方向性が〝進歩的〟と評価される気風が移民にはあった。大武の数奇な生涯をまとめた『大武和三郎』（堀江剛史、2008年 サンパウロ人文科学研究所）には、大武という人物の存在意義がこう書かれている。

（前略）水野龍を始め、移民事業に携わった立場の人間からすれば、公使館で通訳官として勤務する大武の存在は、ブラジルを知る唯一無二の貴重な情報源だったに違いない。大武の終生を通じた友人だったという青柳郁太郎は――

つまり、ブラジルとの国交における実務面、舞台裏において〝ブラジル移民の祖〟水野龍や〝ブラジル殖民の祖〟青柳を支えたのは、このような素性を持つ人物だった。

また戊辰戦争の最後の戦いである函館戦争で幕府軍を指揮した榎本武揚は、明治政府にも仕え、移民政策を政府に進言した。1890（明治23）年8月6日付けの読売新聞に掲載された、榎本が山縣内閣に提出した「植民意見書」には「今もし真の有志者奮起して、我が善良なる農民数万人に新利源を海外に得せしめば、たちまち相率いて彼岸に至り以って遂に新日本を天の一方に創立する機あるべし。是決して夢想にあらざるなり」[24]とある。

榎本は1891（明治24）年に外務大臣になると、省内に初めて「移民課」を創設した。さらに翌1892年に中南米で最初の日本領事館をメキシコ市に設置し、メキシコ国内各地で移民の可能性を探る視察を行った。その後、榎本は外務大臣を辞職して、移住殖民を盛んにして商権拡張を図ることを目的とし、1893年に「植民協会」を作った。

植民協会の幹事だった根本正を、外務省と農商務省から「海外移民地調査と商工視察」との名目で、18

94年7月から翌1895年3月まで、メキシコ・ブラジル・中央アメリカ・インドへ出張させ、報告書をださせた。この根本正は、1851年に水戸藩士として生まれ、旧幕臣・福沢諭吉の作った慶應義塾の分校「京都慶應義塾（宇治義塾）」で学び、1898年の総選挙以降、連続10回も当選した。つまり、榎本同様、もともと幕府側の人間で、明治政府から〝傍流〟とされる側の立場を地盤として来た。その根本が「ブラジルは有望」との報告書をあげた。

根本正は同時に、メキシコのチアパス州をコーヒー栽培適地として報告し、それにもとづき、植民団「榎本植民団」35人を1897（明治30）年5月にメキシコのチアパス州へ送り出した。若き日の榎本が果たし得なかった「蝦夷共和国」の夢が〝新日本〟として、北海道よりもさらに東方に込められていた。ただし、植民団はすぐ崩壊してしまった。

このメキシコ移民と同じ1897年に、東洋移民会社はブラジル移民をサンパウロ州へ送り出す計画をたて、出航寸前まで準備が整えられていたのに失敗した。土佐丸で8月15日に送り出す予定だったが、直前の8月5日、ブラジルから急きょ「コーヒー暴落のため大恐慌起こり、約束の移民は引き受け難し。出発は中止されたし」との連絡を受けて断念したのだ。

この土佐丸事件の一件で、外務省にはブラジルアレルギーがうまれ、以後、珍田捨巳（初代公使）、大越成徳と2代にわたる駐ブラジル公使が「移民には不適当」と本省に報告する時代が続いた。後者は「伊国（イタリア）移民三十万伯国（ブラジル）に於ける惨状報告」を本省に送った。だから東洋移民会社が1900年に再びブラジルのパラー州に移民を送り出す計画をたてたが、日本国外務省が許可を出さなかった。

---

(24)『ドキュメント　榎本武揚』東京農大出版会、73ページ

その間1899年には、森岡商会は最初のペルー第1回契約移民790人を桜丸で送りだした。これが南米初の移民となった。ただし、配耕先の条件が劣悪ですぐにボリビアなどに転住してバラバラになってしまった。

この風向きを変えたのは、1905年4月に着任した三代目の駐伯公使・杉村濬《ふかし》だ。杉村は1848年に現在の岩手県盛岡市で、盛岡藩士の家に生まれた。この藩は、別名「南部藩」ともよばれ奥羽越列藩同盟の一員だったが、江戸時代に76回も飢饉があった経済的に厳しい場所だった。

李氏朝鮮の第26代国王・高宗の王妃だった閔妃が、1895年10月8日に王宮に乱入した日本軍守備隊、領事館警察官、日本人壮士（大陸浪人）、朝鮮親衛隊、朝鮮訓練隊、朝鮮警務使らに暗殺された「閔妃暗殺事件」が起きた時、杉村は在朝鮮日本公使館一等書記官をしていた。彼は外務省内で〝朝鮮問題通〟として知られており、それゆえ「計画者の中心であった」とする説すらあった。当時の日本は、日清戦争に勝ち、朝鮮半島の支配権をロシアと争っていた時代であり、そのロシアを後ろ盾にして日本の影響を排除しようとしていた閔妃を疎んでいた。事件に関与した容疑のある外交官、軍人ら関係者48人は謀殺罪等で起訴され、広島監獄に未決収監された。だが、首謀と殺害に関しては証拠不十分で免訴となり釈放された。その一人が、杉村だ。

杉村氏は一時的に外交畑からほされていたが、しばらくして外務省通商局長に返り咲いて海外移民政策の立案に関わるようになり、その後にブラジルへ公使赴任した。見ようによっては、国のためならテロに関わることもいとわないぐらいの〝明治の志士〟的な人物だ。欧米やアジアという外交の本流からは外されたが、日露戦争後に大陸からの復員兵が国内にあふれかえるだろうことを見越して、日本移民本人のためというよりは、日本国のためにブラジルへ送り込むことを優先して考えたのかもしれない。

前任二人のブラジル評価を一転させ、赴任早々にサンパウロ州、ミナス州を視察して回り、「サンパウロ州のごときは、実に天与の楽郷福土にして、ただ移民のためのみならず、鉄道附近の地価極めて廉価なるが故に資本家、企業家にも好適の所である」との報告書を本省に送り、外務省は印刷して広く配布した。それが新聞にも掲載され、これによって一気にブラジル移民促進の機運が醸成された。

その杉村を支えたのが、堀口九萬一書記官[25]だ。堀口は、越後長岡藩（現在の新潟県長岡市・新潟市）の足軽の子として生まれ、彼が3歳の時に戊辰戦争で父が戦死した。長岡藩が〃賊軍〃の汚名を着せられる中、母子家庭で苦学して育った苦労人だ。1895年、閔妃暗殺事件のときに朝鮮の大院君に日本側から決起を促した廉で停職処分を受けた。つまり、韓国時代から杉村と行動を共にしていた。1896年に外務省に復職するも、外交官としては本流から外された道を進むことになった省内の〃負け組〃だ。

だが、1899年ブラジルに赴任し、日露戦争直前の1903年12月、イタリアで建造中だったアルゼンチン軍艦を、ロシアが購入交渉しているのを阻止するよう命令を受けて交渉を成功させる。英国政府の仲介により、結局、日本政府が購入することになり、最新型だったその2隻は日本海海戦で大活躍した。

つまり、閔妃暗殺事件で傍流においやられた二人が、ブラジル移民を宣伝し始めた。杉村が赴任早々に出した「ブラジルは移民に最適」との報告書を読んで刺激を受けたのが、後に〃ブラジル移民の祖〃となる水野龍（1859〜1951年）だ。水野は同年12月に日本を出発し、翌1906年3月にリオの公使館まで杉村に会いに来た。水野龍の出身地は旧土佐藩（高知県）であり、明治政府に対する抵抗運動であった自由民権運動の拠点の一つだ。

(25) 明治から昭和にかけて活動した高名な詩人、歌人、フランス文学者・堀口大学の父。父の赴任に伴ってブラジルにも住んでいた

このとき、水野がブラジルに行く途中で出会ったのが鈴木貞次郎（1879〜1970年、号・南樹）だ。民間人として初めてチリ行きの旅券を受け、1905年、東洋汽船会社の「グレンファーグ号」に乗り込んだ。鈴木はチリに行くつもりだったが、途中で出会った水野に説き伏せられ、急きょブラジルに同行することを決め、〝ブラジル日本移民の見本〟または「移民の草分け」としてブラジルのコーヒー農場においてたった一人で働いた。この鈴木は、戊辰戦争で幕府側についた奥羽越列藩同盟の新庄藩（山形県北村山郡）出身だ。水野龍の右腕的な存在として、皇国殖民会社の現地代理人になった〝ブラジル移民の父〟上塚周平は、明治期に神風連の乱がおき、西南戦争の主要戦場の一つとなった熊本県の出身だ。

堀口が1906年1月に帰朝した際、渋沢栄一が率いていた東京商業会議所が主催してブラジルがいかに有望かという講演会を開いた。それを聞いて、早々に日伯貿易を実行したのが藤崎商会の藤崎三郎助だ。彼は1868年に仙台市の呉服商「エビスヤ」の一人息子として生まれた。三郎助は15歳で米人宣教師から英語を学ぶなど、海外に関心が強く、1900年のパリ世界博覧会の機にヨーロッパ巡遊に出てアメリカを回って帰国し、翌年からフランスに輸出を始め、1906年にはインドにビールの輸出を試みた。そんな一番調子の時期に、ブラジル進出をした。これが現在、仙台にある藤崎デパートだ。

見方をかえれば、奥羽列藩同盟の主導者の一つであった仙台藩の有力商人が、若い頃は尊攘派志士で徳川慶喜の家臣・幕臣となり明治政府に仕えるよりも民間の実業界で活躍する事を選んだ渋谷栄一が主催する講演会で、会津藩出身の外交官堀口九萬一の講演を聞いて、ブラジル進出を志した。

私財をなげうって捨て身で「コロノ（農園労働者）」というブラジル移民の細いケモノ道を切り開いたのが水野龍。それを、国家的な人物を後ろ盾にして日本人集団地建設という移住街道に押し広げていったのは〝ブラジル殖民の祖〟青柳郁太郎だろう。

ブラジル最初の日本人集団地「イグアッペ植民地」(イグアッペ、レジストロ、トレス・バラスなどの地域)は、1913年に創設された「桂植民地」から始まった。このとき、青柳のバックにいたのが、薩摩藩士として生まれて戊辰戦争で薩摩軍に参加し、新政府では警察官から初めて知事や貴族院議員、逓信大臣、農商務大臣、内務大臣を歴任した大浦兼武。前述の渋谷栄一や、仙台藩の足軽の養子になり1867年に藩命により米国に留学して官僚になるが、それを辞してペルーで銀鉱事業を行った経験のある高橋是清らだ。最初の植民地は、その動きを支援した当時の桂内閣を顕彰して「桂植民地」と名付けられた。

つまり、奥羽列藩同盟だった地域や自由民権運動が盛んな地域から送り出しの中心的人物が深く関与して、最初の日本人集団地は誕生している。

これは、あくまで「間接的な理由」とか「背景」なのだろうが、大きな視点からすれば、一定の歴史的な傾向ではないだろうか。

また、アマゾン移民導入に大きな力を発揮したのは青森県中津軽郡(旧弘前藩)出身の柔道家・前田光世、コンデ・コマだ。戊辰戦争で弘前藩は、当初こそ奥羽越列藩同盟に属したが、脱退して新政府に与した。だが秋田戦線では庄内藩に敗北、野辺地で盛岡藩に敗北、蝦夷地で旧幕府軍に敗北するなど各地で負け続ける苦しい戦いを続けた地域だ。

時代は下るが、1934年にブラジルで事実上の日本移民の受け入れ制限法として「外国移民二分制限法」が成立したのを受け、翌1935年に平生釟三郎[26]が自ら経済使節団団長として訪伯した動きも、「平和的な移住論」の方向性といえる。平生はブラジル移住の移民送り出し機関である「海外移住組合連合会」の2代

(26) 平生は、東京海上火災保険(現東京海上日動火災保険)を世界的な企業にもり立て、川崎造船所を蘇らせた実績を持つ一方、教育面では甲南学園をつくり、甲南病院を創立するなどの幅広い社会貢献をした人物だ。

目会長として、経済交流を盛り立てることによって移民入国制限の危機を乗り越え、日伯両国関係を改善しようとした。実業家ならではの発想であり、ブラジル綿花を輸入し、貿易によって経済に貢献することでブラジル移住への道が閉ざされないようにしようと考えた。

当時、日本政府は1933年に国連を脱退して国際的に孤立し、1937年の日中戦争開始への道のり〈1〉を進んでいたことを思えば、「民間主導で通商重視による解決法」〈2〉をさぐるあり方は実に対照的だ。

この一連の〈2〉的な動きの中で特筆すべきは、送り出し側における旧幕臣・渋沢栄一の果たした役割だ。前述のように移民送り出しや植民地建設計画の母体となった「東京シンジケート」、「伯剌西爾拓殖会社」、「海外興業株式会社」などの設立にくわえ、アマゾンのトメアスー移住地建設を進めた「南米拓殖株式会社」に参加し、移民教育分野においても崎山比佐衛が南米移住者中堅リーダーを養成する目的で設立した「海外植民学校」、「聖州義塾」(小林美登利)などにも賛同協力した外交・通商重視派の理解者だ。

海外植民学校の顧問をしていた渋沢は、しばしば生徒を飛鳥山の自邸に招いたほか、卒業生の渋沢邸訪問は慣例になっていた。学生を晩香(洋風茶室の迎賓施設)に迎えて茶菓でもてなし、一緒に記念撮影をした。

渋沢は、まさに海外に羽ばたこうとする若者たちに対して、出稼ぎ根性を捨て土着の決心をもつこと、渡航前に目的地の事情を知ること、渡航後は日本帝国の臣民として恥ずかしからぬ努力をすることなどの訓示を与え、彼らの発展と渡航先の平和を祈った。[27]

尊皇思想と自由民権運動

明治維新は「薩長土肥(薩摩・長州・土佐・肥前)」が推進する形で進んだが、実際に明治政府の中心に居座ったのは長州と薩摩だった。そこから追い出されたような形になったのが土佐藩であり、肥前藩（佐賀県）だった。

その振り分けの発端となったのが「明治六（１８７３）年政変」だ。朝鮮使節派遣問題が白熱して、当時の政府首脳である参議の半数と軍人、官僚約６００人が一度に職を辞したという一大政変だ。そのとき西郷隆盛（薩摩藩）の使節派遣に賛同した板垣退助（土佐藩）、後藤象二郎（土佐藩）、江藤新平（佐賀藩）、副島種臣（佐賀藩）はすぐに辞表を提出、使節派遣賛成派の参議５人は下野した。また、桐野利秋（薩摩藩）ら西郷に近く征韓論を支持する官僚・軍人も辞職した。

このうちの西郷隆盛を盟主とする士族勢力は、現在の熊本県・宮崎県・大分県・鹿児島県において１８７7年に「西南戦争」を起こした。明治初期の一連の士族反乱の中でも最大規模であり、日本国内で最後の内戦といわれる。

渋沢栄一（近世名士写真 其２』（出典：ウィキメディア・コモンズ））

一方、板垣退助は武力ではなく、後藤象二郎、江藤新平、副島種臣らと共に「自由民権運動」という形で、薩長藩閥政府に対して憲法制定、議会開設、集会の自由の保障や言論の自由などの要求を突きつける反政府運動を繰り広げた。

この後者の流れの中の後藤象二郎につながる筋から、水野龍は生まれている。彼の生涯をたどることで、「ブラジル移住が明治のどんな部分からはじまったのか」が分かるはずだ。激動

（27）財団法人・渋沢栄一財団「渋沢史料館」が２００８年に発行した図録『企画展　日本人を南米に発展せしむ　日本人のブラジル移住と渋沢栄一』36ページ

の明治維新の時代に土佐藩で侍として生まれ、自由民権運動の過激派闘士をへて移民会社重役になった水野龍。彼なくしてブラジル移住は始まらなかった。

同じ土佐藩出身の後藤象二郎の政治思想に傾倒し、その配慮で就職を斡旋してもらい、嫁まで世話してもらった特別な関係だった。ちなみに後藤象二郎は〝土佐三伯〟の一人（他に板垣退助・佐々木高行）で、旧幕臣・福澤諭吉からも「政府の現状を変え、諸悪をはらい清める、非常大胆の豪傑、満天下唯一の人物は後藤伯だけである」と高く評された人物だ。１８６７年、龍馬の提案といわれる「船中八策」に基づいて大政奉還論を、将軍・徳川慶喜に提議したことで知られる。

水野龍は江戸時代の１８５９年11月11日、土佐藩主山内氏の家老・深尾氏一族の家臣・子の次男として土佐国高岡郡佐川町で生まれた。坂本龍馬が暗殺された１８６７（慶応３）年、水野龍はすでに8歳だった。「邑校名教館に入学し、伊藤蘭林、茨木楷山等に就て経史を修め、種田八郎右衛門に槍術を習った」（『略伝』６ページ）とある。「名教館」の教授には伊藤蘭林がいた。

伊藤は厚い勤王の志を持つ人物であり、植物学の大権威・牧野富太郎、勤王の志士・田中光顕に加え、後に板垣退助の依頼で民撰議院設立建白書の起草に携った自由民権運動の政治家・古沢滋のような逸材を育てた。水野からすれば古澤は10歳年長、牧野は同年代であり、彼らを竹馬の友として育ったという。

中でも田中光顕は後に高知城下に出て尊王攘夷運動に傾倒して武市半平太の道場に通い、土佐勤王党に参加した人物だ。叔父の那須信吾は吉田東洋暗殺の実行犯であり、光顕自身も関与した疑いをもたれている。そのような教師や学友に囲まれた水野が勤王思想を育み、自由民権運動に身を投じるようになったのは自然な流れといえる。

そんな水野が19歳のとき、１８７８（明治11）年、高知県佐川町の乗台寺に住民が集まっている前で、自由民権思想を説く演説をして警察に捕まった。この出来事が、若き水野の人生を大きく変えた出発点だ。

「水野龍・前半生に関するノート—自由民権運動からブラジル移民・殖民事業へ」（中村茂生、高知市立自由民権記念館紀要、２００８年8月、以下「中村茂生論文」と略）にはその詳細がある。１８７８年には自由民権運動の高まりの中で、高知の地方議会として「土佐州会」が開設され、水野龍はその議員に選ばれていたという。

しかしこの議会は十一月十一日、政府から解散を命じられる。

水野はこれを受けて、佐川の乗台寺における十一月二一日の政談会において、「明治政府の圧政になる確証」と演説、二二日に拘引され、翌一八七九年の四月になって禁獄四〇日の刑を言い渡されることになった。

「圧制」という表現は、当時の自由民権運動で政府を批判する際にしばしば使われた言葉である。水野の批判は、一八六八年の五箇条の御誓文に「万機公論ニ決ス」と明記されているにもかかわらず州会を弾圧することに向けられている。（42ページ）

水野龍は、明治天皇の五箇条の御誓文をたてに、政府を批判して投獄された訳だ。

その後、水野龍は上京し、貧書生として辛酸を舐めながら

水野龍（水野家所蔵）

後藤象二郎（『近世名士写真 其2』（出典：ウィキメディア・コモンズ））

苦学し、ようやく29歳の時、１８８８（明治21）年に慶應義塾を卒業したと『略伝』にある。ここで生涯にわたる哲学を身につけ、「ブラジル」に関する蒙をひらいたのだろう。旧幕臣の福沢諭吉が１８６８（慶応４）年に蘭学塾を名付け直して本格的な教育機関に育て上げたのが「慶應義塾」だ。福沢は新政府から出仕を求められたが辞退し、以後も官職に就かず、教育活動に専念した。幕府側だった三田藩・仙台藩・紀州藩・中津藩・越後長岡藩から藩士を大量に受け入れて学ばせたことでも知られる。「文明開化論」で知られる福沢は、門下生に海外渡航を盛んに勧めた。水野もその影響を強く受けたに違いない。郷里の「名教館」で尊王の志士として人格の背骨を形成した水野に、自由民権や海外雄飛という広がりと方向性を与え、四民平等の思想という血肉を与えた。

その頃、維新の元勲・後藤象二郎のコネに頼って、政治家になる道も模索した。

（前略）後藤象次郎（象二郎は通称）に識られ、啻（ただ）に政治に関する知識を滋養したばかりでなく、進んで身を官界に投じて立身の計を立てんとし、政治思想普及のため東西に奔走し、天稟の雄弁を揮って遊説に努めた。後藤の紹介で時の岡山県知事高崎五六の知遇を得て県庁に勤め、この時徳島藩士岩佐氏の女矩與と結婚した。（『略伝』７ページ）

『略伝』中、最も驚くべき逸話は、なんといっても立憲改進党の党首、大隈重信の爆殺未遂事件のくだりだ。「同志と共に大隈重信を狙って爆弾を作って青山墓地で試験したが目的は達しなかった」（７ページ）とごく簡潔にあるだけだが、よく読むと微妙な表現だ。「目的は達しなかった」とは、「実行したが目的を達しなかった」のか「目的であるテロ行為まではやらなかった」との、どちらにも読める。

事件の50年以上も後、１９４０（昭和15）年６月、パラナ州ポンタ・グロッサの水野宅に旧友・輪湖俊午郎が訪ねた時、水野がした打ち明け話が『物故先駆者列伝』（日本移民五十年祭委員会編、58年、61ページ）

に以下詳述されている。

（前略）水野氏は、明治の中葉天下の志士を以て任じ、東奔西走していたが、大隈重信氏を危険人物と誤認し同志と暗殺を計った。その方法は、火薬を小箱につめて、小包郵便で送り届け、これを大隈氏が開くと爆発すると云う仕掛けであった。水野氏の苦笑して言うのに、「所がね、智識のないものは仕方のないもので、君の国信州え行って、ひそかに之を試験した時は上成績だったのだが、新しく作らせた箱の板が、よく乾燥していなかった為め、火薬が湿気をくい大隈伯が開いては見たものの、なんのことはなく、不思議なものよとこれを警視庁に調べさせた所、危険な爆薬だとわかり大騒ぎとなった。

後年、水野氏は、前非を悔いて、幾度びか大隈侯に詫びようとしたが、会うたびに滔々と吹き捲くられて、つい云いそびれ引きさがるのを常とした。「今は大隈侯も死んでしまい、もう詫びようもない。こればかりは私の心に残る」と述懐していた。

つまり、テロは実行されたが失敗に終わった。だから結果的に「目的は達しなかった」わけだ。今風に言えばりっぱな「爆弾テロ実行犯」だ。しかものちに外務大臣、総理となる大隈重信の爆殺テロを謀るというのは、若さゆえだとしても過激すぎる行動だろう。

この事件が何年に起きたのか定かではない。しかし、過激な反政府テロ事件が1881（明治14）年の秋田事件以来、全国各地で起き「激化事件」と呼ばれており、その流れの中の事件であった可能性がある。ならば水野は二十歳過ぎだ。もしこのテロが成功していたら、日本の近代史を変えた危険人物として後世にその名が伝わっていた。さらに水野は刑に処され、ブラジル移民は始まらなかっただろう。

さらに、《水野の政治思想は先覚者板垣退助、中江篤介などが唱えた自由民権の拡張にあり、政策としては富国強兵、殖産興業を主張し、明治三十一年奈良県から代議士に立候補したが、その演説過激であったため四十日間投獄され、以後政界進出が不能となった》（『略伝』7ページ）となり、政治家への道を挫折して移民事業に目を向け始め、ここから方向性が定まるようになる。

自由民権運動の行き詰まりから生まれたこの一連の「激化事件」は結局、反政府テロ事件的な方法性を持っており、政府からの弾圧を受けた。その結果、その自由民権運動自体の挫折、そして崩壊に向かったようだ。崩壊した自由民権家たちの中にはキリスト教に回心して政治運動から社会運動に方向性を変えるもの、中央政府に働きかけてもムダだから有志を集めて北海道に移住して理想農場を作ろうという運動に向かっていくものもいた。その両方を兼ねていたのが、坂本直寛が北海道に作った北光社開拓団だった。さらには北海道よりももっと遠く、水野龍のように海外に自由な活動の場を求めて移住事業に向かって皇国殖民会社に入るものなどに分化していった。

水野は死ぬまで仏教徒だったが、彼と同じ時代に自由民権運動にかかわっていた人物の相当数がキリスト教に入信した。そして、北海道へ渡った。「北海道に渡った自由民権家の多様な動機」に関して、永井秀夫北海道大学名誉教授は実に興味深い分析をしている。この部分は、5章の「プロテスタントと自由民権運動のつながり」で詳述する。

明治一七年（一八八四）のいわゆる自由民権運動挫折期以後、さまざまな立場や動機から数多くの民権家が渡道した。（中略）しかし、民権運動者たちの渡道といっても、民権家・言論人としてではなく、クリスチャンとして、開拓者として、地主として、商人として、新天地に新しい活動の場を見出そうとして渡道した人たちがむしろ多いのである。一方、激化諸事件の関係者が、潜行者または囚人として北海道に足跡を残したことはいまさらいうまでもない。したがって、これらの人々のことを考えることは、北海道の民権運動の問題だけでなく、むしろより多く全国的な意味での運動の余響を考えることであり、その中には民権家の民権ばなれの現象もふくめざるを得ないことになる。[28]

つまり、水野龍も〝潜行者〟の一人だった。また具体例として、聖園農場の武市も挙げられている。

浦臼に聖園農場を開いた武市安哉。彼は国会議員として党争に失望し、また国会での活動の失敗から郷党の批判を受けることもあったらしい。[29]

坂本直寛しかり、武市安哉しかり、土佐の自由民権家たちは議員にまでなったが、いくら政党運動をしても思うように政治が変わらず、一部は過激化するところまで行ってしまい、自由民権運動という方向性は行きづまった。

このままではいけないと、自らのそれまでの方向性を内省的に見直した。その時に一部の民権運動家は、「政治を変える」ことに挫折して、キリスト教に入信して「社会を変える」方向に舵を切ったようだ。

大きく分ければ、一つは民権家をとりまく諸状況の変化とそれに触発された民権家自身の心境の変化であり、一つは北海道という新天地の期待可能性である。

(中略)民権運動家の心境の変化のうち、相当な部分を占めるのがキリスト教への入信である。とくに民権家が北海道を「新天地」とみてそこに理想の社会を建設しようとする場合、多くキリスト教の信仰がかかわっている。聖園農場や北光社は教会建設・日曜礼拝・禁酒などの生活規範をもとに、移住民の団結をはかろうとした集団であった。

(中略)ここで問題になるのは民権運動の行きづまった時期の前後にキリスト教に入信し、そのことを媒介として北海道への移住を考えた人々である。民権家の入信は一般的に内省化の傾向と、政体変革志

(28) 永井秀夫『日本の近代化と北海道』(北海道大学出版会、2007年)172〜173ページ
(29) 永井秀夫『日本の近代化と北海道』(北海道大学出版会、2007年)173ページ

向から社会変革志向への傾きを示すと思われるが、すべての入信者がそうだったわけではなく、また民権家＝クリスチャンで北海道をめざしたものはごく一部にすぎない。(30)

このように自由民権運動で挫折した水野が向かった移住事業には、すでに大手企業・日本郵船が作った「吉佐移民会社」などが参入していた。

日本郵船株式会社は日本の3大海運会社の一つ。坂本龍馬による海援隊の商法に思想的な影響を受けた岩崎彌太郎は、土佐で海運業を興す決意をし、規模も大きく実績もある欧米海運会社と熾烈に戦いながら、内外航路を勝ち取っていった。昔から大商人だった三井や住友と違い、岩崎彌太郎は土佐藩の下級藩士に生まれた。身体一つで財閥を築き、上役だった後藤象二郎、板垣退助らと志を同じくし、その政治活動を裏から支えた人物でもある。1877年の西南戦争の際に、岩崎の「郵便汽船三菱会社」は軍事輸送の主役を務めるまでになり、信用と利益を得て飛躍的に発展し、1885年に「日本郵船株式会社」を創立させた。これは三菱財閥の中核企業かつ三菱グループの源流企業だ。

1885（明治18）年、ハワイ政府と日本政府の間で移民契約が結ばれ、世にいう「官約移民」が始まった。この時代、移民といっても永住目的ではなく、あくまで一時的な出稼ぎであった。1891年、その日本郵船が移民募集やその輸送業務の専門会社として作ったのが「吉佐移民会社」だ。当時の移民事業は海運業の一部のような存在だったようだ。

この吉佐はニューカレドニア、オーストラリアのクィーンズランド、フィジー、西インド諸島への移民事業が手一杯で、南米にまで手を広げる余裕がなく、ブラジル移民を専業とする傍系会社として佐久間貞一を社長とする「東洋移民会社」を設立した。佐久間は江戸末期の旧幕臣で、戊辰戦争期においては彰義隊のメンバーだった人物であり、九州・天草の島民を北海道に移住させる事業も手がけた。

その北海道のもっと先をみた時、「ブラジル移住計画」が生れた。しかも、その船の名は、岩崎家らしく「土佐丸」だ。米国政府によって北米ハワイへの日本移民を制限された後、遠い南米というリスクの高い市場にこだわったのは新興弱小企業、東洋移民会社であった。前述のように、根本正による「ブラジルは日本移民に適地」との報告を受け、1895年に「日伯修好通商条約」が調印された。そこから、東洋移民会社は社員の青木忠橘を派遣し、ブラド・ジョルダン商会との間で正式な移民送り出し契約を結び、日本政府の許可も下りた。しかし1897年8月5日、ブラジルから中止してほしいとの電報入り、急きょ取りやめた。これが「土佐丸事件」だ。もしこれが成功していたら笠戸丸ではなく、土佐丸の方が歴史に刻まれ、佐久間貞一がブラジル移民の大功労者になっていた。

このように移民を南米にまで送ろうとした時代背景にはデフレによって米価が暴落し、租税を納めきれずに先祖伝来の土地を強制処分される農民がたくさんいたことがある。押し出し圧力が強いにも関わらず、土佐丸事件が起きてブラジル行きが不可能になる中、日露戦争以降は欧米で黄禍論が騒がれるようになり、北米やハワイ向けの日本移民入国が立て続けに制限された。

もともとハワイや北米などの主だった移民送り出し先は競争が激しく、後発の弱小企業が参入できる市場ではなかった。その隙間を狙ってリスクをとり事業拡大を図るしかない状況だった。岩崎家の東洋移民会社ですら失敗したブラジル。その結果、誰も手を付けようとしていなかったそこが、最後発だった水野龍の標的になった。

日露戦争後、大陸からの復員者が大量にあふれると同時に、賠償金がとれなかったこともあり、戦後不況

(30) 永井秀夫『日本の近代化と北海道』(北海道大学出版会、2007年) 175~176ページ

に陥っていた。そのはけ口を探していた当時新興だった皇国殖民合資会社の業務担当社員・水野龍は、1905年に出された杉村濬公使の「サンパウロ州は移民先として有望」を読んで刺激を受け、さっそくブラジルに向かった。その時はダメだったが、翌1907年に再度ブラジル訪問して移民契約を取り付け、1908年に第1回移民船・笠戸丸を送り込んだ。

前掲の中村茂生論文には、水野の思想傾向とブラジル移民へのつながりを分析する興味深い見方が記されている。

前半生の経歴を一見すると、有力者に庇護されながらも確実な結果は残していない。短期間で職を変える不安定さは、移植民事業にこだわり続けた後半生と好対照である。それでも一貫しているのは、素朴ともいえる尊王の精神である。党派を移る様は無節操とも見えるが、それは各党派を明瞭に色分けした近年の歴史研究の成果に基づいた視点から見た結果であって、水野からすれば常に尊王主義を基軸においた行動だったともいえる。

この尊王の精神は、佐川の教育の伝統の下に生れたのだと考えられる。それは佐川出身の倒幕世代である田中光顕、大橋慎三といった土佐勤王党出身の維新後の行動、初期民権運動の中心的な役割を果たしながらその後官吏となった古沢迂郎、水野とともに民権結社を創立した西村躍や堀見淵助が民権家ではなく民権派と色分けされる存在で、決して自由民権運動の中枢では活動しなかったことからも明らかである。そうだとすれば、水野の行動もまた、佐川尊王主義とでも言うべき伝統を正当に受け継いだものと言ってよいだろう。（51ページ）

さらに、次のような一文も。

ブラジル日本移民の歴史は、もちろん個々の移民たちの考えは別にあったとしても、ひとりの尊王主義者によって拓かれたものであったといえる。

　殖民についても一言だけ触れておきたい。殖民、という考えは、士族の新しい生活の研究をテーマとする初期の自由民権運動にあった、企業や拓殖という考え方とつながる。そう考えれば、水野とブラジル日本移民、坂本直寛、武知安哉、西原清東といった民権家の系統において再考する必要も出てくるだろう。（52ページ）

　明治期の人口増、貧困、農村部の次男三男の働き場所、戦争による不景気という大きな送り出し圧力の中で、尊王思想、開国論、自由民権運動という方向性の先に移民会社が作られ、米国は禁止したのにブラジルでは人手を欲していたという世界情勢から、たまたまブラジル移民が誕生した。水野龍の尊王思想に支えられた過激な実行力があったからこそ、実現したものだ。この土佐の侍が「常識はずれな男」だったからこそ、誰もやらなかったブラジル移民を始められた。

　水野龍以外にも、3回も国外追放令を出された日伯新聞社主の三浦鑿《さく》、海外植民学校を創立してブラジルに卒業生を送り出した崎山比佐衛、衆院議員までやってから米国を経て伯国移住した西原清東などの錚々たる初期移民が高知県出身だ。

　時代はすこし下がるが、南米最大の農業組合・コチア産業組合中央会の創立者の下元健吉、下元のあとを継いだ井上ゼルバジオ忠志（二世）も両親が高知県出身だ。北パラナ開拓の中心的人物・氏原彦馬、サンパウロ州ノロエステ線地方の大物・間崎三三一、日系初の連邦下院議員・田村幸重の父・義則も高知県出身の船乗りだった。２０１９年現在で現役の連邦下院議員・西森ルイス弘志は、高知県出身の両親がわざわざ彼を郷里の高校で勉強させ、卒業してからブラジルに戻し、政治家になった。

　ブラジル移民史から「日伯新聞」や「コチア産組」、「海外植民学校」、「田村幸重」などを取ってしまったら、そうとう味気ないものになるし、だいたい水野龍がいなければブラジル移民が始まったかどうかも怪しい。

〝ブラジル移民の父〟上塚周平

上塚周平（１８７６―１９３５、熊本県下益城郡）は、水野龍の皇国殖民会社の現地代理人として苦渋を舐め、それが破産したあと、１９１８年に上塚植民地（プロミッソン）を拓いた人物だ。〝ブラジル移民の父〟として今も敬愛されている。

熊本県は江戸時代初期には、日本の歴史上最大規模の一揆にして、幕末以前では最後の本格的な内戦である「天草の乱」がおきた場所だ。明治維新後も、士族たちの新政府に対する不満が増大し、周平が生まれた１８７６年には「神風連の乱」がおき、翌１８７７年には「西南戦争」が起き、熊本はその主戦場となった。中央に対して強い不満が蓄積していた地だった。

そんな地において周平の父・俊蔵は、１８５０年代に幕政改革で活躍した儒学者にして開国論者として有名な横井小楠の小楠堂（肥後熊本）で19歳から4年間みっちりと漢籍を学び、強い薫陶を受けた。

（前略）俊蔵が笈を免ふて小楠門下に加はつた翌年、所謂黒船襲来の年で、浦賀の沖は風雲唯ならず、天下騒然として開眼の機運に胸迫る思ひの風潮が漲って居た。俊蔵年正に二十、熱血の壮士は、小楠の治国平天下の講学に如何に傾聴せしめた事か、吉田松陰、坂本龍馬の如き志士の往来頗る頻繁に小楠門下を潜つて来て、塾中の青年の壮志を沸き返らせた。全身全霊只天下国家以外に何物もなく、口を開けば紅虹天を衝く談論に、年少の彼等感動の赤心を燃さないでは居られなかつた。幕末の風雲は急にして、我が日本國の将来は如何に成り行くであらうか。憂世憂國の情は、老も若きも、寸刻も安閑としては居

られないものがあった。(31)

横井小楠(『偉人叢書』第5巻(出典:ウィキメディア・コモンズ))

上塚周平(『物故先駆者列伝』日本移民五十年祭委員会編、1958年より)

西欧列強の植民地にされるのを避けるために日本は富国強兵するべし、ただし、西洋の覇道を求めるのみでなく、王道たる道徳国家を作るべきだと、幕末の時点ですでに横井小楠は考えていた。当時稀有であった大局的な世界観の持ち主であり、吉田松陰、坂本龍馬らがそこへ通うのは当然だったといえる。俊蔵は中央政界に出ることなく地方の政治家として里正、戸長、村長、県会議員と階段を上るように経歴をつんで押しも押されぬ地方の名士となった。その末息子として生まれたのが周平だった。

上塚は1900年8月に上京し、小石川町の東肥義塾(英学校関係者向けの合宿所)にはいり、東京大学の赤門をくぐった。貧乏生活にあえぐ中、肝心の法学部の勉強はそっちのけで、もっぱら知名の士を義塾に招いて座談会をする周旋に没頭していた。同年10月には時の文部大臣松田正久を招いたほか、「江原素六、横井時雄、徳富猪一郎、原田十衛、井上敬次郎、阿部充家、棚橋一郎等も来る筈なり。尚ほ當世第一

(31)『ブラジル移民の父　上塚周平』児玉正一、5ページ。

流の政治家尾崎行雄君も呼び、星邏相も来塾を願う積也」[32]などと列記した手紙を友人に送っている。[33]

周平がようやく卒業したのは１９０７年、歳すでに31歳だった。そこへ皇国移民会社が設立されて南米ブラジル移民事業の道が開けたとの知らせを受け、加わった。翌１９０８年4月28日に笠戸丸は７８１人、１６５家族の契約移民を乗せて出航した。

周平の念願は「日本外に新日本を建設し、日本民族が堂々羽根を伸ばして行くのでなければならない。他民族と伍して劣らず、若しくはより以上に優秀な地歩を占めしむるのでなければならない」[34]という一事であった。水野龍は48歳。52日間の船旅の末、ブラジルに着いた。笠戸丸がシンガポールにつく直前、日本人船員の何人かが乗船していた若い移民女性数人を手篭めにしようと、日本刀を振りかざして水野龍に迫ったことがあった。水野をかばって間に入った上塚は、船員の前に立ちはだかり、こう諭したという。

「今度の移民は日本の運命を担っている人達だ。（中略）今度の移民に間違いでも起きやうものなら、将来の日本移民の発展の道は塞がつて了ふ。實に由々しき一大事だ。今日本は大切な時だ。日本の事情は少しでも、移民を海外に出さん事にや軈て日本は滅亡する計りだ。（中略）是等の人達は只外国に行くのぢやない、平和の戦士だ。此の平和の戦士達を諸君、無難に送ると云う事は、諸君の勤めではないか。国家の為だ。頼む。俺は何日（いつ）死んでもよい。諸君が何か、移民に文句があるなら此の俺を殺してくれ」[35]

そう船員を説得して事を収めたとある。この逸話は後に建設される上塚植民地などで長いこと語り継がれ、この話を含んだ上塚浪曲まで作られた。

当時日本では、戦争による領土拡張の方に国の政策が傾いていた時代だった。それに対して、上塚の言う《是等の人達は只外国に行くのぢやない、平和の戦士》というメッセージからは、ブラジル移民が「平和的手段」として考えられていたことが分かる。

もう一人、象徴的な熊本県人を挙げる。熊本県玉名郡出身の笠戸丸移民にして、1921年に『聖州新報』を創刊した香山六郎だ。彼の名の由来は、生まれる前年の1885（明治18）年に大分秋月の親の仇を討って新聞沙汰になった臼井六郎という青年だ。当時は、明治政府の新しい国法がこの違法となった犯人をどう裁くかが世間のもっぱらの話題だった時代だった。香山の両親は、明治政府の方針に反して親の仇を討った臼井にシンパシーを感じていたに違いない。

香山の父・俊久は細川藩士の末裔だ。「私の父は当時（「日清戦争の頃」とあるので1893〜4年、香山が7、8歳の頃か）、福岡の志士と交友があった。頭山満の若い頃だ。私は頭山のオジサンに抱かれたことを覚えている。父はその反面欧化主義者でもあった。姉たちに束髪に結わぬかとすすめていたので母の機嫌が悪かったようだ」（『香山回想録』17ページ）という記述からは、当時の雰囲気の一端がうかがえる。

また、六郎が高等小学二年の頃、湯池武雄や頭山満らが元寇記念碑を博多の千代の松原に建設する運動を起こしていたが、香山の父も参加しており、その打ち合わせに度々、福岡に一人で出かけていたりしていた（『回想録』27ページ）。

1904年に日露戦争が始まり、海軍兵学校を受けるも不合格となり、文学書を読みあさるようになる。その後上京し、日本人学予科（植民科）に入学し、遠藤清子ら発行の学生雑誌社の下回り記者として平塚雷

---

(32) 同24ページ
(33) 同35ページ
(34) 同111ページ
(35) 同115ページ

鳥、与謝野晶子、大町桂月、徳富蘇峰、堺枯川、幸徳秋水らと会う。来伯当時22歳、徴兵逃れもあって、叔父の勧めで南米移住を決意した。(36)

他に熊本県人としてはブラジル日本都道府県人会連合会の初代会長の中尾熊喜もあげられる。コチア産業組合創立時の初代専務理事、日本人移民による最初の株式会社カナカオ化学工業株式会社を設立、ブラジル日本文化協会第2代会長も務め、サンパウロ人文科学研究所の創立者でもある。さらに「海外最大の日本語新聞」だったサンパウロ新聞社主の水本光任、画家の間部学など多士済々だ。

筑前藩の諸英傑がなぜ維新以後に消えてしまったのか

福岡県人として有名なのは、ブラジル最初の邦人子弟向け学校「大正小学校」を１９１５年に開校した宮崎信造だ。日本で地理歴史の中学教員をしていたが、外国語学校に入りなおしてスペイン語を専攻し、父の知人・内田定槌がブラジル公使として赴任する際、東京で割烹の促成講習を受けて公使の料理人として、笠戸丸以前の１９０７（明治30）年に渡伯したという変わり種でもある。笠戸丸移民が来伯したときは現地で迎え、通訳として支援した。この内田定槌も福岡県出身で、彼が駐伯第４代公使として赴任した翌年に笠戸丸移民が入植した。

ブラジルの福岡県人としては、サンパウロ州に次いで日本移民が多く入ったパラナ州の中心団体である北パラナ連合日本人会の会長を１９２７年から32年まで務めた上野米蔵、その息子で連邦下院議員を８期32年も務めた上野アントニオもいる。「藺草の元祖」吉村茂は１９２８年に福岡県から藺草苗７キロ余りと七島藺《しっとうい》足踏式製織機を持ってきてゴザ産業を起こし、地域社会の産業開発への貢献が評価されてペドロ・アルヴァレス・カブラル章（ブラジル発見者の名を冠した勲章）が授与された。そのほか現在、ブラジル国内に23ホテル・チェーンを展開するブルーツリーホテル・リゾートの社長・青木智栄子も福岡県生まれで7歳の時に移住した。２０１３年に米経済誌「フォーブス」は、彼女をブラジルで2番目に影響力のある女性に選んだ。

ブラジルでは次々に有名な福岡県人およびその子孫が活躍する姿が見られる。その一方、次の文章を見つけた時には、少し寂しい気分がした。

夢野久作の『近世快人伝』（青空文庫参照、親本は「黒白書房、１９３５年刊」）には次のような一文がある。日本探偵小説三大奇書の一つに数えられる『ドグラ・マグラ』の著者・夢野久作の幼名は、杉山直樹。福岡県福岡市出身で、玄洋社系の国家主義者の大物、杉山茂丸の息子だ。茂丸は福岡市を拠点に、山縣有朋・松方正義・井上馨・桂太郎・児玉源太郎・後藤新平・寺内正毅らの参謀役を務め、政界の黒幕などと呼ばれた人物だ。

> 維新後、天下の大勢を牛耳って、新政府の政治と、新興日本の利権とを併せて壟断(37)しようと試みた者は、所謂、薩長土肥の藩閥諸公であった。その藩閥政治の弊害を打破るべく今の議会政治が提唱され初めたものであるが、そもそもその薩長土肥の諸藩士が、王政維新、倒幕の時運に参劃し、天下の形勢を定めた中に、九州の大藩

香山六郎（『香山六郎回想録』サンパウロ人文科学研究所、1976年）

(36) [10]『香山回想録』年譜
(37) 利益や権利を独占すること

筑前の黒田藩（注＝筑前藩の別名、または福岡藩）ばかりが何故に除外されて来たのか。筑前藩には人物が居なかったのか。もしくは居るとしても、天下を憂い、国を想う志士の気骨が筑前人には欠けていたのかというと、ナカナカそうでない。事実はその正反対で、恐らく日本広しと雖も北九州の青年ほど天性、国家社会を患うる気風を持っている者はあるまいと思われる。そうした事実は、明治、大正、昭和の歴史に出て来る暗殺犯人が大抵、福岡県人である実例を見ても容易に首肯出来るであろう。

維新前の黒田藩には、西郷南洲、高杉晋作に比肩すべき大人物がジャンジャン居た。流石の薩州も一時は筑前藩の鼻息ばかりを窺っていた位である。有名な野村望東尼を仲介として西郷、高杉の諸豪は勿論、その他の各藩の英傑が盛んに筑前藩と交渉した形勢は、筆者の幼少の時に屡々、祖父母から語って聞かされた事である。但しそれ等筑前藩の諸英傑が、何故に維新以後、音も香もなくこの地上から消え失せてしまったかという、その根元の理由に考え及ぶと、筆者も筆を投じて暗然たらざるを得ないものがある。

ブラジル移民の中に福岡県人や熊本県人、鹿児島県人をはじめとする九州勢が多いのは、維新で報われなかった〝大陸浪人〟的人物が多かったからではないか。戦国時代に多くのキリシタン侍が戦乱を逃れてアジアの日本人町へ渡ったように、明治時代の西南戦争などに背中を押されて海外に出た可能性がある。だから、夢野久作のいうように、江戸時代までは日本の歴史で大きな役割を果たしてきた《筑前藩の諸英傑が、何故に維新以後、音も香もなくこの地上から消え失せてしまった》のは、明治新政府に受け入れられなかった人材のはけ口が、移住事業に流れ込んでいったからではないか。

南進論による平和的な移住

水野龍、上塚周平、香山六郎という戦前を代表する人物の来伯前の経歴をざっと見た。そこから伺われるのは、明治時代における高知、熊本という地域の〝空気〟だ。新政府のやり方に対する失望や自由民権運動への閉そく感、「海外雄飛」や「国家百年の計としての海外植民」という憧れ、日清・日露戦争での勝利とそれに対する徴兵逃れ意識、そのような空気の中から、「ブラジルにいこう」という気持ちが醸成された。そこには、横井小楠、開国論、坂本龍馬、文明開化、海外雄飛、板垣退助、中江篤介、言論の自由、頭山満などの右翼と左翼のキーワードが入り乱れる。

『右翼と左翼』（浅羽通明）によれば、明治時代にはまだ「右翼」「左翼」という言葉は一般化しておらず、(38)大正末期から昭和初期にかけて広まった。現代からの視線で明治という時代を解釈した時、自由民権運動は「自由」「民主」「平等」を目指し、憲法を制定して議会を設けることで政府の権力を削ぐことを主張していたので、「左翼」としている。同書は、自由民権運動の中の「極左」ともいうべき存在がルソーの影響を強くうけた中江兆民、自由民権「右派」を板垣退助、後藤象二郎、大隈重信ら薩長に追い落とされた土佐派などと位置づけている（同134ページ）。

逆に「右翼」は、1881（明治十四）年に福岡で結成された頭山満らによる政治結社「玄洋社」に始まり、「国家主義」「大アジア主義」という主義の流れだとする。その社員内田良平が創立した「黒龍会」もま

(38) 浅羽通明、2006年11月、『右翼と左翼』、128ページ

た日本の右翼の原点とされ、その主張である「天皇中心主義」「国粋主義」「大アジア主義」「対外拡張主義」が思想的特徴だという（１３８ページ）。

ここで注目すべきは、玄洋社はもともと、自由民権運動をする団体として設立された点だ。頭山満は、辛亥革命を起こして清朝を滅ぼし、中華民国政府を樹立した孫文や、インド独立革命の闘士ラス・ビハリ・ボースらアジアの革命家を匿ったり支援したことで知られる。当時の左翼たる幸徳秋水やその弟子の大杉栄もまた清国からの留学生たちと交流し、多くの影響を与えていたことで知られている。欧米の世界支配、白人によるアジア植民地化に対する抵抗運動は、右も左にも共通した方向性だった。また黒龍会には「大陸浪人」とよばれる、外国で縦横無尽に活躍する独特の人材を多く抱えていた。

前出の中村茂生論文には、次のような一節もある。

また、九州では、この年の一二月一日に筑前共愛公衆会が結成される、これは筑前州民会ともいうべき性格を持つ、土佐州会に倣った運動であった。九州旅行の目的のひとつが、元土佐州会議員水野と筑前州民会成立の準備段階にあった九州の民権家との交流にあったと考えられる。州民会の活動を主導したのは福岡向陽社であるから、当時同社を率いていた箱田六輔、頭山満らとの議論の場もありえた。

（43ページ）

自由民権運動という方向に限界を感じ、もしくは挫折し、国粋的な部分を保ちながら国際的民族派のような流れに向かっていった。その傾向はまさにブラジル移民の特徴とも重なる。水野龍だけでなく、ほかの人物、団体からもその思想の傾向はうかがわれる。特に、戦前戦後合わせて１８００人ものブラジル移民を送り出した日本力行会からは、岸本昂一など実に「大陸浪人」的な人材を多く輩出している。岸本はハルピンの日露協会学校でロシア語を修了してから、日本力行会を通してブラジルに移住した。この日露協会学校の第一期生には「ユダヤ人の命のビザ」で有名な杉原千畝もいる。

日本に不利になると思われた不平等条約改正を無理やり成立させようとしていた大隈重信は、玄洋社の来島恒喜から爆弾を投げつけられて負傷し、条約改正を辞めた。それと同じ事を水野は考え実行していたという意味で、右翼に位置していた。来島自体は玄洋社のメンバーだが、東京に居る間に左翼で知られる中江兆民の塾で学んでいたこともあり、右左を越えた何かを志向していた。

自由民権運動の中でも過激な部分にいたという意味で、水野は玄洋社の面々と同じ志向を持っていたといえるかもしれない。とはいえ、水野が作った喫茶店であるカフェ・パウリスタの銀座店は、福沢諭吉が創始した新聞『時事新報』がそばにあり、芥川龍之介ら文人はもちろん、フェミニストの平塚らいてう、アナーキストの大杉栄などが通っていたことでも知られる。

水野龍の立場は、「尊王主義」「国粋主義」までは玄洋社と完全に同じ民族主義をしっかりと持っており、自由民権運動の時代に養われたものだと思われる。ただし、「対外拡張主義」のところで玄洋社は中国と友好な関係を維持する方向に大きくふれ、戦前の日本帝国が志向した領土拡張の方向性とは大きく異なっていた。水野龍もまた、他国の領土を武力で奪い取る方向へ向かう「北進論」ではなく、自由貿易主義の流れを汲むものとアジア主義の流れを汲むものがない交ぜになった「南進論」という流れの中で「平和的な移住」を通して南米にユートピアを実現していく方向に理想を抱いていた。

おそらく玄洋社、水野龍の行動にはどこか通底する思想があったのではないか。さらにいえば、坂本龍馬が北海道で実現しようとしていた「共生思想」にも近いのではないか。

コロニア言論界にも同様の現象[39]

コロニア言論界をみても、不思議なことに戦前・戦後を通して主要邦字紙の全ての創立者が明治政府に強い不満を抱いていた地域の出身者だ。

1916（大正5）年1月にブラジル最初の邦字紙・週刊『南米』を創刊した星名謙一郎（1866〜1925年）は、愛媛県北宇和郡出身だ。この伊予松山藩は、幕末には幕府方について長州征伐では先鋒を任され出兵した。この際に占領した周防大島において住民への略奪・暴行・虐殺を行ったことが後に災いし、長州藩閥から冷遇された。

1916年8月31日創刊の『日伯新聞』の社長を長いこと務めた三浦鑿《さく》も高知県土佐郡出身。東京の郁文館を卒業して米国人から英語を個人授業で学び、新潟県高田中学柏崎分校で英語教師となり、同校に軍事教練を持ち込まれたことに反発して教師を辞して放浪生活に入る。1908年に日本を訪問したブラジル海軍練習艦に乗って渡伯という大陸浪人的なプロフィールを持つ。日伯新聞では、日本政府の出先機関を徹底的に批判する反官姿勢をもち、日本の軍国化を非難した。3回も国外追放令を出され、仲間がとりなして2回は難を逃れたが、開戦直前、3度目のときには本当に帰国せざるをえなくなった。東京で特高警察に留置されて衰弱し、終戦直後に日本力行会・永田稠会長（長野県諏訪郡）の自宅に引き取られ亡くなった。

この三浦鑿を支えた編集幹部・野村忠三郎は長野県上伊那郡出身だ。幕末の世直し一揆から明治時代にかけて解放令反対一揆、血税一揆、地租改正反対一揆の形で反政府運動が頻発した長野県の出身者には、植民地建設に関係した人物が多い特徴がある。〝邦字紙創立請負人〟輪湖俊午郎は初期から移住の呼びかけをして回ったし、日本人初のイグアッペ移住地の一部であるレジストロには、長野県人が集住した地区があった。やはり同県人の永田稠会長はレジストロをモデルケースとして、最初の民間主導の移住地アリアンサを作り上げた。永田は仲間の北原地価造(同県上伊那郡)を先発隊として送り込み、北原はのちに「アリアンサの父」と呼ばれるほどになった。まさに長野県人ネットワークを駆使して実現した。

三浦鑿と反対に御用新聞といわれた『伯剌西爾時報』を1917年8月に発刊した黒石清作(1870〜1961年)も、旧会津藩である新潟県出身。『日伯新聞』『伯剌西爾時報』とともに戦前の三大新聞といわれた『聖州新報』を創立したのも、熊本県玉名郡出身の香山六郎だ。その三大紙に続く、『日本新聞』は翁長助成(沖縄県那覇市出身)が社主の時代に最も注目を浴びた。1930年代に祖国寄りのナショナリズムが強くなる風潮「日主伯従」論が中心の世論の中で、「伯主日従」論を社説に掲げた。戦前に『ノロエステ民報』や『ビリグイ時報』などのサンパウロ州北西部の地方紙を刊行した梶本北民の本籍は広島県広島市だ。

驚くことに、戦後を見ても同様の傾向がみられる。

1946年10月に戦後最初の邦字紙・サンパウロ新聞を創刊した水本光任は、熊本県下益城郡出身。3カ月遅れて1947年1月にパウリスタ新聞を始めた蛭田徳弥は、秋田県北秋田郡大館市出身。大館市は同サイト[40]によれば、南部藩との境にある北端の地域で、《年貢の徴収、役人や藩士の通行の際の夫役や接待の経費負担など、厳しい支配体制が敷かれ、農民の生活は厳しいものであった。凶作や飢饉も人々の生活を襲った。大館地方での冷夏・長雨・風水害・干ばつ・病害虫による凶作が、江戸時代に60回以上も記録されて

(39) 日系社会のこと
(40) http://www.city.odate.akita.jp/dcity/rekisimati/files/% EF% BC% 93% 20dai% EF% BC% 91syo.pdf (2019年2月15日参照)

いる。天明飢饉（天明2年（1782）～天明8年（1788）やその後の天保飢饉（天保4年（1833）～天保10年（1839）の惨状も伝えられている》という厳しい生活条件の場所だ。戊辰戦争の時、久保田藩（秋田藩）は最初こそ奥羽越列藩同盟に属したが、すぐに新政府側に立場をかえた。そのため列藩同盟の中でも強力な南部藩から真っ先に攻め込まれて町中が戦場となった。その一方、薩摩藩などの新政府軍の援軍も送り込まれて攻防が繰り返され、多くの家々が灰になった激戦地だった。

なお、蛭田徳弥は郷里・秋田県出身者の石川準二、足利正直、小笠原勉、神田大民、吉田尚則らを続々と入社させ、彼らは後にデスク、編集長、専務などの要職を務めた。

そして、パウリスタ新聞から1947年1月に分離独立した日伯毎日新聞を作った中林敏彦は、幕府領だった茨城県西茨木郡の出身だ。茨城県中部・北部を治めた水戸藩は、徳川御三家の一つ。同社顧問の竹内秀一は広島県人だ。

雑誌界においても、新潟県出身で日本力行会を通して移住した岸本昂一の存在は光る。彼が発行した啓蒙雑誌『曠野の星』は、10年以上発刊が継続した雑誌がほとんどない中、1950年8月から隔月刊で、105号まで続くという金字塔をたてた。通常でも3千部、多い時では5千部を発行したという。

戦前の農業雑誌『農業のブラジル』の編集・外交に加わり、後に社長にもなった佐藤常蔵は北海道函館市出身。戦後もブラジル歴史研究家として健筆をふるい、『ブラジルの風味』などの著作がある。戦後、勝ち組新聞の『伯剌西爾時報』専務・編集長、『中外新聞』を発行した沖本磯満は福岡県福岡市出身で、その後も『評論新聞』『週刊時報』などの3大紙を批判する論陣を張りつづけた。

コロニア俳句界の隆盛時のことは、新潟県出身の佐藤念腹の存在抜きには語れない。「北陸の鬼才」と呼ばれ、高浜虚子に師事し、移住にあたっては彼から「畑打って俳諧国を拓くべし」との餞の句をもらい、それに従って何千人という俳句愛好者をブラジルで育てた。

ブラジルに多くの人材を送り出した学校にも、この傾向がみられる。

榎本は外務省に移民課を作った1891年に、「私立育英黌」を東京に設立した。これは拓殖に関わる移民の人材育成を見すえたからだ。その農科が存続して、後の東京農業大学に発展し、多くの卒業生をブラジルに送り出した。

ただ単に人が大量に渡っていくだけでは拓殖事業としては方向性がない、行き当たりばったりになってしまう。そこで、しっかりとした指導者を日本で養成してから現地へ送り込もうという動きが起きた。その一つが、崎山比佐衛（高知県）が東京に設立した海外植民学校（1918年創立）と、〝ブラジル移民の父〟上塚周平の従兄弟・上塚司（衆議会議員、熊本県）がアマゾン開拓に必要な人材育成に作った国士舘高等拓殖学校（後の日本高等拓殖学校、1930年創立）だ。

農業界を見ても、一時は南米最大の農協といわれたコチア産業組合中央会の創立者は高知県出身の下元健吉。下元の両脇を、西村一喜（高知県高岡郡）ら高知県人が支えた。コチアと両軸となって農業振興を図った南伯農協中央会の理事長を長いこと務めた中沢源一郎も高知県香美郡出身だ。特に中沢源一郎はサンパウロ日伯援護協会会長、ブラジル日本文化協会会長も歴任した。この二人がいなければ、日系農業界は大きく違っていただろう。

銀行では、北海道江別市出身の橘富士雄が1978年から84年まで南米銀行社長をつとめ、その後も経営審議会会長となり、ブラジル日本商工会議所会頭、日本語普及センター初代理事長などコロニア団体のご意見番として重きをなした。

戦後の日系社会を動かしてきた心臓部分は、経済的にはコチア産業組合中央会と南伯農協組合中央会が両軸であり、潤滑油とか血液の様な役割を果たしてきたのが南米銀行であり、そのようなコミュニティ基盤の上に乗って、御三家（ブラジル日本文化協会、ブラジル日本都道府県人会連合会、サンパウロ日伯援護協会）がコロニアを動かしてきた構図がある。

「世界に出た戦前移民の県別移住者数、および明治新政府やキリシタン大名との関係」（本書44ページ表1）の上位10県（広島県、沖縄県、熊本県、福岡県、山口県、和歌山県、福島県、北海道、岡山県、長崎県）だけで70％も占めたのは、この地域には「特に伝統的な気風が強く残っていた」、もしくは「日本社会の歴史的な格差構造の歪みが集中していた」からではないか。

それが明治という大変化にさらされて、石川達三のいう〝回転速度を増す文明日本の、その回転の遠心力を支え切れずに抛り出された者〟として海を越えた。それら地域では、従来の伝統的なあり方、風土に対して、明治という革命が吹き荒れ、そんな時代背景が人格形成に影響を与えた人材を多く輩出した。伝統的な風土を改革する必要を感じ、旧弊を打ち破るための進歩的な新しい方向性として「開国論」「海外発展」というあり方が心に強く差し込まれた地方人が大挙して生まれ、そして、海を越えた。

きっと移民本人は、そのような大きな構図を意識していなかったに違いない。でも潜在意識の部分で、「ここでは食えないから外へ出るしかない」という日本の現状への諦めや、「海外で成功して見返してやる」的な明治政府に対する対抗心があった。そんな気骨、気風を持つ特徴ある人たちが集中してブラジルに渡ったことで、大宅壮一のいう「明治の日本」が色濃くブラジル日系社会に残されたのではないか。

Ⅲ マージナルマン

ハワイでは部落差別の論文も

移民の中に相当数の被差別部落の人が混じっていたと思われる件は、とても微妙な部分がある。事実上、ほぼ何も書かれていない。だがこれを説明しておかないと、移民史の本質的な部分が分からなくなる可能性があるので、ムリを承知であえて書こうと思う。

『部落解放』１９８７年12月号の「ハワイ日本人移民の部落差別と水平運動」（鶴嶋雪嶺・関西大学教授、92～１１３ページ）には、ハワイにおける部落差別の例が列挙され、同地の水平運動の創始者・岡村護についての論説が書かれている。岡村護は、自らが部落民であることを公言しながら、日系二世らに対して次のように、日本人同士で差別することを避けるよう呼びかけたパンフレットを配布していた。

吾々が此各国人混居の布哇《ハワイ》で、時に傲慢無礼な他人種共から、ジャップとかヤローベリーとか云う侮蔑の言葉を投げつけられたり、差別待遇を受けたりする時には如何云う気持がするでせうか、必ずや怒心頭に発して不快の念に堪えないでありませう。けだし社会生活を営まねばならぬ人間としては、差別的待遇を受けたり、劣等視されたりすること程、無念に堪えないものはない。

このようなパンフレットの存在意義を、鶴嶋教授はこう分析する。

十九世紀末の日本の富国強兵策が国民大衆にはかえって逼迫を強い、そのなかから移民問題が浮かび上がってきたことが、移民の社会層からも裏づけられるようになった。国民大衆の逼迫があるばあい、そのもっとも過酷な犠牲を強いられるのは被差別の人たちである。大衆の窮迫から移民が生じたのであれば、その移民の中に多くの部落民が含まれていて不思議ではない。（100ページ）

ブラジル移民に関して、この種の調査も論文も見たことがない。だが、おそらくハワイでそれだけ来ていたのなら、ブラジルに来ていないことは考えにくい。

邦字紙記者を一生貫いた大先輩・石塚大陸（享年80）が2018年10月18日に脳内出血で亡くなった。彼は2014年までニッケイ新聞で主幹としてコラムを執筆していた。彼に飲みにつれていかれた際、とても記憶に残っている言葉がある。

「俺が来た頃、領事館回りをしていてなあ、あの頃は平気で奥まで入って、戸籍簿が置いてある棚とか開けて見れたんだ。なにげなく戦前の戸籍とか見ていたら、けっこう《新平民》って書かれた人がいてびっくりした」というものだ。もちろん、今では戸籍簿を勝手に見ることなど不可能だ。

「新平民」とは、「旧・賤民（穢多・非人）」に対する蔑称で、戸籍に記されることがあったという。本来は、明治時代に「四民平等」となり、制度としての賤民は廃止された。だが、それを嫌がる平民の間から自然発生した呼称だという。

その話をニッケイ新聞の吉田尚則前編集長にすると、「総領事館の戸籍簿に手書きで〝新平民〟と書いてあった話は、私も実際に確認した。それに、部落差別問題について以前調べようとしたことがあったが、元の上司から『ブラジルでは部落民問題はまだ触れちゃいかん』と止められた。彼は長野出身だったが、『オレの郷里にも部落民がけっこう多い。時々訪ねてくる同郷の知り合いなんかは、どんなに勧めても、絶対に玄関から上にあがろうとせんのだ。ブラジルではまだ〝歴史〟になっていない。だからタブーだ』と言われた。だが、戦前に九州から満州に大挙して移民していった人たちの中には部落民がかなりいて、戦後に本土へ引き揚げたが狭苦しく感じ、ブラジルへ再移住した人が相当数いたという話を聞いたことがある」とも付け足した。

また、『辺界の輝き』（五木寛之、沖浦、講談社、２００６年）では、士農工商や穢多・非人などの身分制度から外れたマージナルマン、山の漂流民「サンカ」、海の漂流民「家船」、「遊行者」、「遊芸民」の存在について語られている。その中の「漂流民と日本史の地下伏流」という章で、沖浦はサンカについてこう語る。

沖浦　一九五〇年代まであった…。私がじかに聞いたところでは、三重県・和歌山県、それに熊本県ですね。一九五〇年代末ごろまではサンカがやってきた。だけど、戦後の高度経済成長の時代にさしかかると、その姿が見られなくなった。（45ページ）

『幻の漂流民・サンカ』（沖浦和光、文藝春秋、２００４年）のあとがきにも、このような一節がある。

諸国をさすらいながら、特定の生業で生活した人びとを「漂泊民」と呼ぶとすれば、ひと昔前までは、彼ら漂流民の姿は日本の各地で見られた。

だが、一九六〇年ごろから、その姿はしだいに消えていった。高度成長の時代に入り、技術革新の波が押し寄せてくると、近世以来の伝統文化の残骸がまだ見られた生活様式は急速に変革され、欧米流の近代化が一挙に進んだ。

そのような新時代の到来とともに、彼ら漂流民が生活していく「場」がなくなっていったのである。これは戦後移住の最盛期と一致する。マージナルマンのある程度の部分が移民としてブラジルに渡ったことで、日本から忽然と姿を消したという可能性が考えられないだろうか。

混血児や戦災孤児も

『移民四十年史』（香山六郎編著、1949年）には、こんな一節がある。

第二回移民船旅順丸に乗って、岡山の孤児院及び東京養育院から四名づつの孤児八人が来伯した。リオ湾内のヴァンナ島の造船所ラーチ商会の徒弟となり就働した。

これは当時の内田公使が、ラーチ造船所商会主アントニオ・ラーチと茶飲話の慈善心から成立つた試みで、孤児は十一才から十三才迄の少年であった。彼等も其後サン・パウロ州に流れたもの数名あった。

第2回移民船は1910年6月28日サントス着だ。そんな最初期に、十代前半の孤児をブラジルに連れてきていた。公使でなければできないことだ。だが、そのような試みは初期の頃からあった。

三菱財閥の創業者・岩崎弥太郎の孫娘・沢田美喜は、神奈川県大磯市に1948年2月に孤児院エリザベス・サンダース・ホームを設立し、米兵との混血児など2千人近くを育て上げた。彼女は1922年にクリスチャンの外交官・沢田廉三と結婚したのを契機に、キリスト教に改宗していた。1962年にブラジルのアマゾン川河口近くにあるトメアスー移住地に聖ステパノ農場を設立し、「ブラジルには人種差別がない」からと18歳以上になった卒園生を8人移住させた。18歳になると、日本政府の援助が法律上切れるため、子供たちは否が応でも施設を出なければならないからだ。

しかし、高校を卒業しても「敵国の子」などと差別され、日本国内での就職はなかなか見つからない。そのため、その行き先として希望を託されたのが、ブラジルだった。先発隊の８人は次々に結婚独立したが、66年以降、ブラジル外務省がこの卒業生送り出しに対してビザを出ししぶる問題が起き、１９７５年に農場は閉鎖された。ブラジル外務省は「日本国内の人種差別問題を輸出する動き」を感じとって、出し渋ったようだ。

終戦という特殊な状況から、島田正市さん（埼玉県）のような「戦災孤児移民」も送られて来た。１９４５年３月10日の東京大空襲で家族を失い、救護施設で日々を送っていた島田さんは、秩父宮妃勢津子殿下の母松平信子さんが49年に設立した社会福祉法人『子供の町』に入所する。10歳の頃からアコーディオンを通じて音楽と親しんでいたこともあり、親代わりだった山崎まさのさんが携わる音楽公演で舞台に立つ。『カスバの女』で有名なエト邦枝と同じ舞台で「ラ・クンパルシータ」を演奏したこともあったという。13歳の時に作曲した『子供の町の歌』がラジオ東京やＮＨＫ、新聞などで取り上げられる。

厚生省・外務省の事業として、１９５３年にほかの戦災孤児３人と共にブラジルに移住した。最初は農業に従事。サンパウロ市に出てきてから音楽活動を本格化させ、職業音楽家の資格を取り一般人向けに指導を始めた。長く全国カラオケ指導協会のブラジル総本部長を務め、歌謡界を引っ張ってきた。代表作は「サンパウロ・ブルース」「恋のバイバイ」など。カラオケ界の大御所であり、作曲家や指導者として日系音楽界に多大な貢献をした人だった。

ブラジルに来た人の中には、いろいろな状況から日本に居づらくなった人がいた。その中には、おそらく知的障がい者なども含まれていたかもしれない。

日系文学の中の部落出身者

コロニア文学の最高峰の一つ、小説『うつろ舟』（松井太郎、１９９５年刊、自家製本）の主人公・神西継志《つぐし》は、《父は日本から財産をこの国にうつして、A市近郊にイタリア人の手になる牧場とコーヒーの農園を買った。おおくの邦人移民の歩んできた道、まあ一言にいってみれば成功であろう――》という大きな農場を受け継いだ。お嬢さん育ちで人形のように美しい日系女性を妻に迎えるが、彼女と性が合わずに傷害未遂まで犯してしまう。財産を彼女の家に没収され、精神治療のために日本人のいない辺境で、心穏やかな生活を送ることを精神科医に進められ、身分をいっさい明かさず「マリオ」と名乗って、川沿いのブラジル人の農場の一角を借りて豚飼いを始める。

たまたま塩を切らして、その少し上流に住む20歳前の日系女性エバから借りて縁ができる。しつけがまったくされていない野育ちで俗語しかしゃべらず、股を開いたまま恥じらいもなく座るような、日本移民子孫が土俗化した典型のような女だった。エバいわく《わたしの祖父は、未開の山に人にさきがけて入るのが好きだったらしいの》という関係で、人里離れた場所で、家族だけで学校にも行かずに育った。兄は破傷風で鼻が落ち、顔の中に黒い穴があき、《かなりのことには物怖じしない荒くれ男たちも、彼を魔性の者として恐れた》という不可触な存在だった。

マリオが住んでいた小屋が野火で延焼してしまい、その際に、農場主の娘がマリオの家の中を見て、家畜の予報接種や肥育の記録をしているのを見て、ただのピヨン（牧夫）でなく農業技師だと素性を気付かれた。それを嫌って夜逃げしようと考えていたとき、たまたまエバの家も延焼し、彼女が生まれたばかりの子どもを連れてマリオのところにたよって来たことから縁ができ、3日間共にカヌーで川を下るうちに情がうつるという旅の話だ。

この小説は『ブラジル日本人作家　松井太郎小説選　うつろ舟』（西成彦／細川修平編、松籟社、2010年）として、日本で刊行されているのでぜひ読んで欲しい。

これを読んだとき、「エバの家族は被差別者ではないか」と思い、作者に尋ねたことがある。日本移民はみな、「サントス港でよーい、ドン！」という具合に、ブラジルに上陸した瞬間から、日本での出自や家柄は一切捨て、全員がゼロから出発するという不文律があった。だが実際には、何らかの瞬間に素性がバレることがあり、村八分にされたり、結婚を拒否されたりということがあったという話を聞いていたからだ。

2010年11月27日、サンパウロ市東部の自宅で取材に応じた際、松井はこんなことを言った。

自分の体験の中で、ネタになる話を寄せ集めている。たいていのコロニアには部落出身者がいる。公にはならない。カゲでいうだけ。40～50軒の部落に1、2軒ぐらいそういう差別される家族がある。そういう存在に義憤を感じる。そういう人のあら捜しをする人がいるからだ。そういうことを言うだけでも恥ずかしいことだと思っている。とくに万民平等のブラジルまで来て、そんなこと言うなと。人並み以下の経済力の人を、コロニアはバカにすると体験的に感じている。金のない奴を見下げる気風がある。弱いものに味方して、そういう人を見返すような人物を描きたかった。「一寸の虫にも五分の魂」だ。

つまり、マリオは最初こそ、村八分的な存在のエバに距離を置くが、最終的には心を寄せる。その心の移り変わりに、松井がコロニアの読者に訴えたい万民平等の心情があった。

ブラジル日本移民が自ら描いたノンフィクションの金字塔『移民の生活の歴史』（半田知雄、サンパウロ人文科学研究所、1970年）には、このような達見が記されている。

われわれ一世は、ブラジルに永住を決したのち、いつのまにか子供たちの結婚問題を通して、混血を是認せざるをえなくなり、日一日と実際生活のうえで、一般ブラジル人と同じように、人種平等を認めざるをえなくなってくるのである。移民として、いつの日にか解決をつけなければならなかった民族意識を清算しながら、いまやっと肩の重荷をおろしたようなやすらかな気持ちになりつつあるのである。実は、同化は同化される民族の消滅であった。むろん、ブラジル人的になると同時に人種的優越感すらこの感情とともに消えていくのであった。またこの優越感を心の片隅で支えていた移民コンプレックスも共に消えていくのである。（697ページ）

日系子孫がブラジル人と混血化していく大きな流れの中で、日本民族内での差別感情もいつの間にか消えていく。それを〈いつの日か解決をつけなければならなかった民族意識を清算しながら、いまやっと肩の荷をおろしたような気持ちになりつつある〉と述懐している。世代は違うが、半田知雄のセンスと松井太郎の気持ちは見事に通底している。

明治時代に外務省は通常、ブラジルの当て字として「伯剌西爾」を使っていた。だが水野龍はあえて「舞楽而留」と当てた。「楽しく舞って留まる」という意味だ。戦前は出稼ぎ移民が一般的だった中、永住するようにとの願いが込められている。

終戦後、日本の敗戦によって出稼ぎ気分だった移民の多くは帰る場所がなくなり、泣く泣くブラジルに骨を埋めることを選んだ。だが、最初から「ここは差別のない楽土であり、舞うように気持ちよく留まれる」と考えた「舞楽而留」だった人たちも相当数いたのかもしれない。

Ⅳ カトリック系キリスト教徒の流れ

隠れキリシタンと保和会

サンパウロ市で１９２６年8月15日、「廣田」という青年がサンゴンサーロ教会で洗礼を受けたのが、邦人カトリック帰依の最初とされる。同年11月15日、ブラジル共和制宣言記念日に、同胞子女46人が初の集団洗礼を行った。その中には戦後、最初の連邦下院議員となる田村幸重（二世）、サンパウロ総合大学の医学部を日系人としては初めて卒業（１９３９年）した氏原マサアキ（二世）らが含まれていた。

この田村幸重は終戦直後の１９４８年にサンパウロ市議会議員に繰り上げ当選し、51年にサンパウロ州議会議員、58年には連邦下院議員と政治家の階段を駆け上った。当時、在サンパウロ総領事館の顧問弁護士をしていた平田進もそれを見て政治家を志し、１９５８年にサンパウロ州議に当選、田村の後を追うように62年には連邦下議となった。

平田進は、日伯国会議員連盟の創立者であり、１９５５年にサンパウロ日本文化協会（現ブラジル日本文

サンゴンサーロ教会

化福祉協会、日系社会の中心機関）設立時には、山本喜誉司初代会長に二世の立場から補佐する片腕として、常任理事、副会長、日伯文化連盟会長などを歴任していく。

平田進の選挙運動で大きな支えとなったのは、最盛時には数千人もの会員を誇ったといわれる、福岡県三井郡大刀洗町今村出身者の集いである「保和会」だ。平田進の両親の出身地が今村だ。本田保神父の「保」と、当時本田神父を助けていた伝道師の青木和平の「和」をとって「保和会」という。そのリーダーが平田進だった。

『国会議員になった「隠れキリシタン」』（高橋哲朗、沖縄探見社、２００９年）によれば、保和会は１９５４年にサンパウロ市で生れ、毎年正月に平田進の自宅に今村関係者が１５０人も集まったという。高橋哲朗の取材に対し、中心メンバーの一人・平田ペドロは、《大サンパウロ圏だけでも1万5千人ぐらいの『青木』『平田』がいると思います。もちろん、全員に強い親族意識があるわけではないのですが、それでも千五百家族が会員になっています。二、三カ月に一度の割合で会報も出しています。毎月第一土曜日に母子講《たのもしこう》を開いて作った資金で、サンパウロの郊外に土地を買い、会館を建設しました。そこで毎年九月半ばころに運動会を開きますが、五百人くらい集まります》（１４０ページ）と答えている。

長崎県浦上で潜伏キリシタンの家に生まれた本田保は14歳の時、明治初期のキリスト教徒弾圧「浦上四番崩れ」でとらえられた。１８６７（慶応３）年、潜伏キリシタンとして信仰を守り続けていた長崎県浦上村の村民たちが江戸幕府の指令により、大量に捕縛されて拷問を受けた事件だ。幕府のキリスト教禁止政策を引き継いだ明治政府により村民たちは処罰され、本田保も四国の土佐に流刑された。

欧米へ赴いた遣欧使節団一行（１８７１年12月から１８７３年９月）は、キリシタン弾圧が欧米のキリスト教諸外国で激しい非難を呼んでおり、不平等条約改正の障害となっていることに驚き、本国に打電した。そのため１８７３（明治６）年にようやくキリシタン禁制は廃止された。１６１４（慶長19）年以来、実に２５９年振りに日本でキリスト教信仰が公認されることになった。

1970年代、左から下本八郎サンパウロ州議会議員、平田連邦下院議員、平田の妻・美津子さん、アブレウ・ソドレ・サンパウロ州知事（下本八郎さん所蔵）

明治維新期に起きたものは「浦上四番崩れ」であり、「浦上一番崩れ」は１７９０年に起きていた。「浦上二番崩れ」は１８３９年、「浦上三番崩れ」は１８５６年に密告によって信徒の主だったものたちが捕らえられ、拷問を受けた。このように、隠れキリシタンたちは繰り返し密告を受け、拷問されていたために、「政府が公認した」といってもにわかには信じられなかった。

本田保は土佐を脱出し、神戸で宣教師の庇護を受けて神学校に通うようになった。

浦上から連れ出されたとき、十四歳だった。そのとき私は、ただ一つの憧れに燃えていた。すなわち、我らの聖なる殉教者のあとをたどりたいと思っていた。

暗い牢屋で、病気と飢餓のあまり、私がもう死にそうになっていたとき、私を仏寺に移す命令がきた。

たまたまその頃、このような仏寺にいるあいだ、疑いもなく聖霊のインスピレーションによって、私はある日、ここで何の功徳もなく死んでしまうよりも、同胞に我らの主イエズス・キリストの福音を説くほうがましだという考えがおこった。そして私の心に出たこの望みは次第に強くなり、とうとうそれを押さえることができないほど迫って来た。

その瞬間から私は番人の注意を逸らして逃亡する決意をした。(41)

本田保は1887（明治20）年に大浦天主堂の司祭に、1896（明治29）年には今村教会主任司祭になった。弾圧を体験した本田が「外地なら気兼ねなくカトリック信仰ができる」と海外移住を勧めた結果、今村からはブラジル、ペルー、メキシコなどの新天地に向かう移民家族が多く生まれた。その一つが平田家と青木家だった。

プロミッソン市のクリスト・レイ教会

《まだ明けやらぬ朝の空に、天主堂の空に鳴り渡る鐘の音はゴンザーガ村の平和の象徴として、移住者たちの誇りである》――『暁の星　在伯日本人布教沿革誌』（60ページ、聖市創立四百年記念刊行　1955年）にある「プロミッソン駅ゴンザーガ聖堂」（渡邊慎太郎）という一文は、そんな詩的な書き出しで始まる。

（前略）この由緒ある聖堂は、コロニア日本の宣教師イエズス会司祭ウィッチ師指導のもとに、福岡県大刀洗村および本郷村出身の僅々三十余家族の信者が、二カ年の月日尊き浄財を持ち寄りて建築したものである。

この地の信者は皆明治の末期から大正二、三年頃までに渡伯した、コロニアではマカコベリョ組と呼ばれる旧移民である。彼らは一九二三年、中村長八神父の着伯をみるまでの十数年間、拠り所のない不安な信仰生活を送って来た人々である。突如、中村師の訪問を受けた彼らはまことに干天に慈雨の訪れであり、信仰的に一挙に蘇生したのである。老人たちは喜びのあまりに中村神父に抱きついて泣いたと伝えられている。

2018年7月、ブラジル日本移民110周年を祝うのと同時に、サンパウロ州プロミッソン市では入植100周年を祝う式典が行われ、日本からは眞子さまもご出席された。その市の一部をなすゴンザーガ地区にはクリスト・レイ教会が今もひっそりと建っている。正式名称は「キリスト王日本二十六聖人天主堂」。1597年2月5日、秀吉の命により長崎で磔の刑に処された26人のカトリック信者を顕彰した名前だ。この時が、日本最初のキリスト教信仰を理由に最高権力者の指令による処刑だった。300年余り前の最初の殉教の歴史を忘れないために、元隠れキリシタンが地球の反対側に建てた教会には、そのような名前が付けられた。

中村ドミンゴス長八

明治末から大正2、3年頃の移住初期、福岡県大刀洗今村地区から青木家と平田家を始め、多くの元隠れキリシタンが大挙してブラジルへやって来た。「ブラジルはカトリック大国だから、安心して信仰生活ができる」と思ってやってきて、教会に入ってみたが、当たり前だが全部ポルトガル語なので何を言っているか

(41)『奇跡の村——隠れキリシタンの里・今村』佐藤早苗、河出書房新社、2002年、29ページ

分からない。

　彼らが途方に暮れていた１９２３年、バチカンの手配で日本から派遣されて来た最初の布教使が、中村ドミンゴス長八神父だった。すでに58歳だった。１８６５（慶応元）年8月2日、長崎県南松浦郡奥浦村生まれだ。

《二百年も光栄あるカトリック伝統を誇る旧家に生れ、幼少より信仰厚き雰囲気に育まれ、早くより天主の教役者になることを志し、ようやく多年の宿望がかない、明治十三（１８８０）年に長崎神学校が設立されると共にこれに入学し、明治三十（１８９７）年二月七日、他の五師と一緒に十有数年の蛍雪の苦が報いられ、待望久しかりしカトリック司祭に除せられたのであります》（同『暁の星』20ページ）とある通り、隠れキリシタンの家系に生れ、長崎教区から奄美大島の布教を命ぜられ、26年間そこで尽力してきた。

　長崎教区内で「ブラジル同胞社会で布教する邦人司祭はいないか」と立候補を呼びかけたが、最初は誰もいなかった。すで58歳になっていた中村神父は「自分のような老人の出る幕ではない」とあえて申し出なかった。だが、誰も希望者がいなかったことに驚き、「自分のような老骨でも差支えなければ喜んで行きましょう」と申し出た。

中村ドミンゴス長八（『物故先駆者列伝』日本移民五十年祭委員会編、1958 年より）

　当時の邦人植民地は、原始林の開拓から始めるような立地が大半だった。鉄道沿線から50キロ、60キロ離れた原始林地帯にあり、そこまで道らしい道もないという場所も珍しくなかった。

　騎馬旅行とか騎馬巡回とかいえば非常に勇壮でもあり、愉快でもありそうに聞こえますが、雨の日も風の日も、焼けるように照り付ける日も、人里離れた野や山を越えて、移民のありかを探して歩くことは、若いものならともかく、老体の同師には確かに楽な仕事ではなかったろうことは容易に想像できることと思います。時には探しあぐねて野宿することも珍しくなく、初期の頃には一回の巡回に、二、三回はそんな事もあったそうです。それに同師は乗馬があまり得意でなかったらしく、これも当初は度々振り落とされたそうです。(同『暁の星』23ページ)。

さらには《また馬の都合がつかないような時には大切な御ミサの用具一切に着替えなどをぎっしりと詰めた大きな鞄をご自分でかついで遠い道を歩かれたことは何遍もあられたようです》(同『暁の星』23ページ)。

このような1回の巡回をすませるのに3カ月、4カ月かかったが、たどりついた先では、歓迎を受けた。《こうして野宿も落馬も物ともせずに尋ね歩いて、さて探しあてた植民地の人たちの多くはもちろん、老いも若きも同師の周りに集まり、その訪問を喜び迎えて、ともすれば故郷こいしさに金のなる木を夢にみて移民としてやってきたことを悔いる彼らのあさはかな心も、同師の話に一筋の光明を見出しては、元気を盛り返すのでありました》(同『暁の星』24ページ)。

中村神父は清貧のうちに過ごし、二度と祖国の土を踏むことなく、1940年にアルバレス・マッシャード市で亡くなった。その業績を顕彰するために日伯司牧協会(PANIB)は1984年に調査委員会を設置、91年にはア・マッシャードに記念館を竣工、2002年には福者に列するための調査も開始した。

長崎の世界遺産認定を喜ぶブラジルの信者の声

「昨日とっても嬉しいニュースを聞いたの。長崎の潜伏キリシタン関連遺産が世界遺産に認定されたって。

今までカトリックとして苦しめられてきた歴史が認められて、少し報われた気がするわ」――久能木チエコ（86）は、そう笑顔を浮かべた。

2018年7月1日にサンパウロ市のサンゴンサーロ教会であった聖母婦人会のバザーで、名物うどんのコメントを来場者から集めていて偶然そんな声に接した。もしやと思い、出身地を尋ねると、潜伏キシリタンの島として有名な「長崎県五島列島」。まさに先祖の苦労が報われたという想いで一杯だろう。

チエコは「先祖同様、両親もカトリック。私は生まれて二日目にバチザ（洗礼）されたのよ」というから筋金入りだ。「私が生まれた繁敷はすごい山奥でね。部落丸ごとがカトリック。子供が生まれたらすぐに教会に連れて行ってバチザするの。そんなところだから一族は明治にも何回か迫害を受けた」。

聖母婦人会のバザーで大河家の皆さん（手前左が久能木、その奥が大河）

地図で確認すると、福江港から16キロほど山に入った場所。隣にいた弟の大河正夫（67）は、「僕が2歳の時にダムを作ることになり先祖伝来の土地を接収され、追い出されました。だから育ったのは福江の町です」という。福江は港も空港もある島の中心都市だ。地図を見ると繁敷のすぐ近くには「行者山」「荒神岳」という地名があり、いかにも山奥という感じだ。

大河は「母方の先祖は元々は大村に住んでいて、村ごと五島に移ったそうです」というのでさらに驚いた。長崎県大村と言えばキリスト教と最もゆかりの深い場所だ。日本初の「キリシタン大名」大村純忠が統治した地だからだ。純忠は１５６３年に重臣と共に洗礼を受けた。領主の改宗によって領民たちもキリスト教を信仰するようになり、１５８２年頃には信者数６万人ともいわれた。つまり日本で最初にキリスト教文化を地域丸ごとで受け入れたところだ。

フランシスコ・ザビエルが日本に到着したのが１５４９年だから、純忠が洗礼を受けたのはわずか14年後。しかし、豊臣秀吉は１５８７年にキリスト教禁教令を出し、徳川幕府も１６１４年に禁教令を出し、本格的な弾圧が始まった。大村領内では１６５７年に「郡崩れ」事件が起きた。信者６０８人が捕まり、棄教した99人は釈放されたが、拷問同様の取り調べ中に78人が死に、４１１人が斬首を言いつけられた。翌年に１３１人が実際に処刑され、見せしめで首が約1カ月間さらされた。

だが「棄教者」の振りをした人の多くは、潜伏キリシタンとして生き延びた。そんな大村から江戸時代中期の１７９６年、五島列島に約３千人が移住した。当時、五島列島では大虫害による危機が起きて人口が激減。列島を治める肥前福江藩の八代藩主五島盛運が大村藩からの移住を奨励し、その結果、密かに信仰を守って来たキリシタンたちの間で「島の方が監視が緩い」との噂が広がり、大量移住につながったという。

隠れキリシタンが日本から持ってきたと言われる聖母婦人会の和装マリア像

その子孫が大河家だ。繁敷はダムに沈み、福江の町にでたが、新しい土地に学校を建設する話が持ち上がり、再び追い出された。「言い値で土地を売って、１９５９年1月にブラジルへやって来た」という。

そして「繁敷の家は水の下…」と悲しそうな表情を浮かべた。

今回の聖母婦人会バザー会場となったサンゴンサーロ教会の名前も、日本で最初に長崎で殉教した「日本26聖人」の一人、ポルトガル人サンゴンサーロ・ガルシアにちなんだもの。同教会のミサで使われるマリア像は、着物を来た日本人形風のマリアさまだ。潜伏キリシタンが持ち込んだものだろう。

役割おえる保和会

「保和会がもうなくなるかもしれない」—そんな噂を聞いて愕然とし、関係者を急いで探した。保和会のメンバー、本岡・平田・サチエ・オウガを2019年1月5日、サンパウロ市ブルックリン区の自宅に訪ねて話を聞いた。

「母の兄弟が平田進の父。母が16歳のころ、平田家の構成家族として一緒に来た」という。母親はどんなふうに故郷の村のことをかたっていたかと訊くと、「母が今村のことを語っていたのを聞いたことない。いつもブラジルでの生活のことを気にしていた」という。

今村との関係はどうなっているのかと尋ねると、「今はまったく連絡がない。こちらから連絡することはないし、向こうからもない」という音信不通状態だ。昨年6月、「長崎と天草地方の潜伏キリシタン関連遺産」が世界遺産委員会で登録決定したことを知っているかと訊くと、「ああ、そうなの」とそもそも関心がないようだ。この登録申請は、もともとは「長崎の教会群とキリスト教関連遺産」として大刀洗町今村も入っていた。

だが途中で、長崎周辺の潜伏キリシタンに焦点を絞る形で構成資産が再考された結果、長崎と天草だけに限定された経緯がある。それを説明して「今村が外されたのは残念ですね」と同意を求めたが、ピンと来ていないようだった。戦後移民の夫・本岡公（83、兵庫県）は「以前、今村教会の改修費用を支援してくれという手紙が来ていたな」と思い出した。

保和会の現状をオウガに尋ねると、「まだ続いている。毎月、サンパウロ市郊外の会館に30人ぐらい集まる。でも若い世代は誰もいない。子どもたちは保和会に関心がない。減っているのは間違いないけど、まだ無くなってはいない」とのこと。

一方、プロミッソンのクリスト・レイ教会があるゴンザーガ地区は、収奪農業で土地が疲弊し、信者が次々にはなれてしまい、今では日系人信者は誰も住んでいない。一時は廃墟のようになったが、日伯司牧協会はこの教会を「ブラジルにおける日系カトリックのシンボル」と位置づけ、日本移民百周年（2008年）の記念事業として改修し、よみがえらせた。クリスト・レイ教会の建築に汗を流した平田キゾウを祖父に持つ、日系社会のプロ歌手・平田ジョエは、2018年の日本移民110周年を顕彰して記念曲『ありがとうブラジル』を作って、各地の式典で歌った。そのビデオ・クリップは、尺八、太鼓、エスコーラ・デ・サンバ、オーケストラ、踊りなど、総勢200人以上が参加する豪華なもので、ネット上で100万回以上も視聴された。

サンパウロの電話帳には平田家の名前がズラリとならぶ

ジョエの祖父は肥沃な新開地だったパラナ州アラポンガスに移り住み、父ニコラウは州都クリチバの連邦大学を卒業し、マリンガー市に移り住み、そこでジョエは生まれた。日本にデカセギにいったジョエは94年にＮＨＫのど自慢大会年間チャンピオンに輝いた。日本の芸能事務所のプロデビューの誘いを断ってブラジルに帰り、日系社会で活躍している変わり種だ。

そして、青木家も負けていない。ワールドカップ優勝3回、有名な〝サッカーの王様〟ペレは3回結婚して5人の子どもがいる。その最後、75歳にして結婚した相手、青木シベレ・マルシアは青木家の末裔だ。ペレとマルシアが最初に出会ったのは１９８０年代、ニューヨークで行われたパーティでのことだった。この時はお互いに配偶者がいた。その後、二人が交際を始めたのは２０１０年からだった。交際のきっかけは、サンパウロ市内高級住宅地のマンションのエレベーターでばったり再会したことだった。何気ない会話の中で、お互いに配偶者と別れたところだったことが分かり、交際にいたった。

１５４９年にフランシスコ・ザビエルが鹿児島に到着してから約４００年後に、地球の反対側のカトリック大国で、信徒の二世が日系最初の連邦下院議員となり、元潜伏キリシタンが中心となって二人目の下議を押し上げたわけだ。さらに４５０年後には彼らの中から〝ＮＨＫのど自慢大会グランドチャンピオン〟が生まれ、〝サッカーの王様〟と結婚した。移民という存在がいかにグローバルなものかを象徴する人たちではないか。

２６０年間も潜伏しながらキリスト教を必死に守った信者たちは、ブラジルというカトリック信仰の地盤のある社会へ来て、日系人の集団である保和会を作ったが、１１０年をへて完全に溶け込もうとしている。聖書にある言葉「一粒の麦もし地に落ちて死なずば、ただ一つにてあらん、死なば多くの実を結ぶべし」を思い出した。保和会は役割を立派に果たし終えつつあるのかもしれない。

V

プロテスタントと自由民権運動のつながり

新島襄からつながる同志社人脈と、仙台の押川方義からの流れ

キリスト教の流れには大きく分けて二つある。ここまで説明してきたカトリックの流れと、明治以降に主にアメリカの影響で広がったプロテスタントの流れだ。ここからは後者の流れの説明だ。

明治時代の自由民権運動家の多くがキリスト教に入信している。一見、不思議な現象だが、大半の日本人が仏教的な価値観や世界観しか知らなかった明治時代には、キリスト教は単なる宗教ではなかった。民主主義的な世界観を代表するもの、西洋文化の奥底を覗き込むための「魔法の鏡」のようなイメージを持たれていた。

同志社第４代目社長を辞めて移住した西原清東

『崎山比佐衛伝　アマゾン日本植民の父』の著者・吉村繁義は、

新島襄（東洋文化協會（出典：ウィキメディア・コモンズ））

こう説明する。

（前略）基督教が土佐に伝わったのには、他と異つた、特殊ないきさつがある。板垣退助は、日本に民主思想を普及徹底せしめるには、政治運動と同時に、種々の意味の啓蒙運動が必要だと考えた。[42]

薩摩や土佐はとくに封建的な風土が強く、上下関係つまり身分に厳しいことは有名だった。中でも土佐は特異な風土を持っていた。その風土をかえるには宗教という方法がよいと考える人たちがいた。だから自由民権思想が広がる土壌をつくる啓蒙運動の一つとしてキリスト教を信じることを広めようとする流れにつながる。

（前略）その重要な一つは基督教の研究である。立憲政治の先進国である欧米各国の文化は、基督教発達の結果であり、我が国民がこの教の真理を理解することこそ、民権思想発達の推進力となり、憲法政治を実施する場合の大きな支柱になろうというのがその理由である。[43]

このように明治維新以降、日本古来の封建的な風土を変えるという点において、プロテスタントと自由民権運動には通底する部分があった。そこで中心的な役割を果たした一人がキリスト教の教育者の新島襄（1843年―1890年）だ。まだ江戸時代だった1864年に密出国してアメリカ合衆国に渡り、キリスト教の洗礼を受けて10年余りも神学を学んだ人物だ。新島は江戸の神田にあった上州安中藩江戸屋敷で安中藩士の子として生まれ、幕府の軍艦操練所で洋学を学んだ幕府側の人間だ。アメリカ人宣教師が訳した漢訳聖書に出会い「福音が自由に教えられている国に行くこと」を決意し、アメリカ合衆国への渡航を画策して函館に潜伏した。当時ロシア領事館付の司祭ニコライ・カサートキンの協力をえて密航した。

江戸時代の1864年に密出国してアメリカに渡り、そこでキリスト教の洗礼を受けて神学を学び、アメリカを建国した清教徒運動の流れをくむ宗派の伝道団体「アメリカン・ボード」の準宣教師となった。祖国に戻った後の1875（明治8）年に同団体の力添えによって、京都府において同志社英学校[44]（後の同志社大学）を設立した。この当時の同志社からは、ブラジル移民初期の有名な人物が何人も輩出されている。

たとえば、同志社社長を辞めて移住した西原清東。妻や息子が同志社と縁が深い星名謙一郎。さらに同志社神学部を卒業してブラジルに渡り、初の啓蒙雑誌『市民』を創刊したのにくわえ、日本人子弟へのキリスト教と日本人精神に基づく教育を提唱して聖州義塾[45]を設立した小林美登利。同校卒業生で『国民新聞』記者として活躍してから外交官になった古谷重綱なども特異な一系統をなしている。

西原清東は1861年に土佐国高岡郡出間村（現・高知県土佐市）に生まれ、京都の「天橋義塾」などと並ぶ自由民権運動士族政社「立志学舎」で学び、1898年に衆議院議員となった。1899年に同志社社長に就任したが、1902年には同志社社長とともに衆議院議員も辞職して、米国に向かった。1903年に神学校へ留学し、1906年にはテキサス州に約800エーカーの土地を所有して稲作経営した。1918年には農場を息子清顕に任せ、単身ブラジルに行き農業経営を試みたが失敗する。1932年にテキサスに

(42)『崎山比佐衛伝　アマゾン日本植民の父』吉村繁義、PDF版26ページ、発行・聖市

(43)『崎山比佐衛伝　アマゾン日本植民の父』吉村繁義、PDF版26ページ、発行・聖市

(44) 幕末から明治にかけて存在した「英学校」とか「英和学校」、「洋学校」というのは、みな「西洋の学問」を学ぶ学校のことだ。それまでの漢文などの教養でなく、英語をはじめとした西洋の学問を身に付けることが進歩的と思われる時代になった。

(45) ブラジル日本移民のノンフィクションの金字塔『移民の生活の歴史』（サンパウロ人文科学研究所、1970年）を戦後に執筆した半田知雄は、青年時代にこの聖州義塾に寄宿していた。

帰り、一移民として1939年に没した人物だ。

その西原清東とテキサスで米作をやった星名謙一郎は愛媛県北宇和郡出身で、東京英和学校（現・青山学院大学）を卒業。青山学院大学はキリスト教主義学校（ミッションスクール）で、明治時代初期に米国メソジスト監督教会派遣の宣教師らが設立した三つの学校を母体としている。星名がハワイ時代にキリスト教の伝道師をしていた話は以前書いた。その妻が『同志社女子部の母』といわれる人物で、息子はのちに同志社学長になる。同志社と縁の深い人物だ。ブラジルにきてからブラジル初の邦字紙『南米』を創刊した。

古谷は愛媛県東宇和郡出身。幕末においてこの伊予松山藩では、親藩として幕府方について長州征伐で先鋒を任され出兵し、占領した周防大島において住民への略奪・暴行・虐殺を行ったことが原因となり、後に長州藩閥から冷遇されたところだ。古谷は同志社卒業後に「国民新聞」に入社、ハワイ国の日本移民上陸拒否事件の時に特派記者として現地取材、その後、社主・徳富蘇峰を説得してミシガン大学法科に入学、卒業後に同新聞に復帰。水野龍が身を投じた自由民権運動が薩長専制批判の急先鋒であったのと同じように、明治の新聞人も政府批判という同じような思想的な文脈に位置していた。1902年に外交官試験に合格して中南米各国で大使を歴任した後、「人種偏見のないブラジルこそが日本人移民の適地」と確信してブラジルに移住した人物だ。

日本統治時代の台湾で活躍して当時日本屈指となった後宮財閥を作った後宮信太郎は同志社中退だった。その息子の武雄は慶応卒で、ブラジル開拓を目指してパラナ州コルネリオ・プロコピオに入植する。ミス日本を奥さんにして1931（昭和6）年に移住。32万本のカフェ大農場を築いた。戦後、その後宮耕地には1954年10月、「ブラジルの百姓になった尾張の殿様」といわれた徳川義忠氏（父・徳川義恕が尾張名古屋藩分家当主）の一家を迎えた。礼子夫人は、福岡県の殿様、黒田家の令嬢で、数カ国語を操った才女だったが、彼らは他の農園労働者と同じ生活をしていた。

新島は1886（明治19）年、同志社の東北分校（仙台）ともいえる「宮城英学校」の校長となる。これは、新島が岩倉具視使節団の通訳をしていた頃に、同僚として異国で苦楽を共にした富田鉄之助（後に日本銀行の第2代総裁）と、「地方にこそ真の教育を可能にする場がある」との考えで一致して設立した。戊辰戦争で会津藩を支援した仙台藩があった仙台地方は、明治時代に新政府から冷遇されていた。

当時、旧仙台藩士たちは地元の再興を願い、仙台藩出身の在京学生を支援する奨学育英団体「仙台造士会」を組織していた。この仙台造士会が母体となって、宮城英学校が設立され、翌年には私立「東華学校」と改称され、その理事会を「東華義会」と名付けた。

当時仙台には押川方義もいた。古谷や星名と同じく、押川も伊予松山藩士の三男として生まれた。押川は1872年に日本最初のプロテスタント教会である「日本基督公会」で洗礼を受け、1881年に仙台日本基督教会を創立して拠点とし、新潟にも足を延ばし、福島や会津でも宣教した。押川はキリスト教宗教家であると同時に、東北学院及び宮城学院の創立者としても有名だ。

押川方義と新島襄は、仙台に英学校を創るにあたって当時ライバル関係にあった。二人は何度か会談を重ねたが、一致を見ることはなく、新島は宮城英学校（東華学校）を、押川は仙台神学校を創立した。仙台神学校は1891年（明治24年）には、伝道者育成に加えて、普通高等教育をするようになり、校名を「東北学院」に改称して現在に続く。この仙台神学校では、押川の息子でのちに冒険小説作家として有名になる押川春浪や、日本力行会の創立者・島貫兵太夫も学んでいた。作文教師として島崎藤村が教鞭をとっていたこともある。そして、東華学校の方は1892年に廃校した。

押川の息子・春浪は小説の中で、主人公が海外で冒険する姿を好んで描いた。それに影響をうけて、海外雄飛に夢を膨らませた移住者は多かった。押川方義が医者に見放されるほどのチブスの重病を病んだとき、枕元に集まった家族に、彼は世界地図を壁に掲げさせ、震える手で日本を指差して、「見よ！　此の豆粒のような日本を、この国をこのままにして、今私が死ぬることができると思うか」といったという。[46]　そのような一連のつながりや方向性の中にブラジル移民はあった。

日本力行会、そして多岐にわたるキリスト教徒の流れ

ブラジル福音ホーリネス、自由メソジスト、アライアンス・キリスト宣教教団、ホサナ福音教団など、日本を拠点としてブラジルに流れ込んだプロテスタント系のキリスト教の流れは多岐にわたる。その中で、キリスト教の信念に基づいて移民事業に取り組み、結果的に日系社会に大きな影響を与えた組織がある。その一つが、前述した「日本力行会」だ。東京都練馬区で学校法人として現在も続いている。

押川から洗礼を受けた日本力行会の島貫兵太夫は、１８６６年に陸前国（宮城県）名取郡岩沼本郷に生まれた。父は仙台藩士だったが、戊辰戦争後に仙台藩の下級武士の多くは帰農を余儀なくされ、島貫家もその一例だった。キリスト教改革派教会の島貫兵太夫牧師は貧しい少年時代を送った経験から１８９７年、上京してきた貧しい苦学生の救済を目的に自宅を解放して創設したのが日本力行会の始りだ。この「力行」という言葉は、苦労しながら学問をするという、中国の言葉「苦学力行」に由来している。日本力行会の南米開拓講習所で、移住教養とキリスト教の教育を受けて、ブラジルへやって来た力行会会員は戦前５０６人、戦後１２９４人、合計１８００人にのぼる。

この島貫が病没した後、日本力行会を継いだのが永田稠だ。

永田稠は1881（明治14）年12月、長野県諏訪郡豊平村下古田《しもふった》（現在の茅野市）で生まれている。父は村長をしていた明治5、6年頃、八ヶ岳山麓が国有林に編入されたことに抗議、政府と裁判で争って敗れ、松本刑務所に収監された経歴を持つ。このため多大の負債を抱えることになり、永田は極貧の暮らしの中で成長している。母は永田が11歳のとき病没している。[47]

つまり、永田稠の父は明治政府に強い不満を持っていた人物で、その環境の中で人格形成した。20歳のとき、一年志願兵として徴兵検査を受けて、北海道の第7師団歩兵第27連隊に入隊、北海道の開拓農業を目の当たりにして関心を持つようになる。1906（明治39）年、永田は除隊して一旦郷里の長野に戻るが、北海道移住を決意する。

移住のめどもつき、永田は郷里の兄一家とともに札幌郊外の山鼻村へ移住する。だが、実際に入植してみると土地が痩せており、開拓は思うように進まなかった。ついに四十一年暮れに生活は行き詰まり、やむなく兄一家を友人の働く興（おき）農場に託し、永田は単身アメリカ行きを決意する。この山鼻村開拓失敗の苦い体験は、永田のライフワークとなる移住問題の第一関門であった。

そして、アメリカに渡るために日本力行会に入会する。大正三（一九一四）年十二月上旬、永田は幼い長女忍

日本力行会の永田稠会長（『両米四巡』（永田稠、日本力行会、1952年））

（44）『崎山』PDF55ページ

（45）アリアンサ運動の歴史（木村快著）http://www.gendaiza.org/aliansa/lib/23-03.html

と再び身重となった妻くら子とを連れ、帰国の途についた。島貫会長没後すでに一年三ヶ月が経過していた。めまぐるしい在米期間は二十六歳から三十三歳までの六年八ヶ月であった。

アメリカを去るに当たって、永田は改めて、日本政府に移民政策が欠如していることを痛感する。貿易政策には熱心でも、不当な排日運動が激化する状況にありながら在留民保護については全く放置状態である。在留民もただただ不安におののくだけで、対応のすべを知らなかった。日本人自身がもっと世界に目を開くべきであり、帰国後はそのために努力しなければならぬと考える。

１９０８年2月、アメリカでは排日運動が次第に高まり、対米移民制限に関する協約である日米紳士協定が制定された。狭い日本から広い海外に進出しようとする若者の渡米熱は急速にさめ、海外移住への関心は南米へ向くようになる。そんな１９０８年にブラジルへの最初の移民船「笠戸丸」が出発した。

その後の１９１３年9月に、日本力行会の島貫兵太夫初代会長は47歳の若さで病いに倒れたのだった。米国滞在中だった永田稠氏が遺命により、翌年の１９１４年に第2代会長に就任する。6年ぶりに帰国した永田会長は「力行会は、単なる社会慈善団体ではなく、世界的視野を持つ移民教育の推進力になりたい」と呼びかけ、教育界に大きな影響力を持つ沢柳政太郎博士や新渡戸稲造博士を顧問に迎えた。

米国での排日運動の高まりを受け、次の移住先を探すために南米巡回をしてブラジルに狙いを定める。日本力行会は月刊『力行世界』という雑誌を発行し、永田稠自ら約20冊も本を書いている。ほとんどが『新渡航法』、『両米一巡』、『南米写真帳』、『両米再巡』、『両米三巡』、『両米四巡』、『海外移住講義録』、『日本の外苑』などの移住紹介本だ。波乱万丈型の生き方を好む傾向が強い、元気の良い若者をブラジルに送り込んだ。

永田会長は、文部省の海外子女教育実情調査の推薦状をもらって、１９２０年3月初めてブラジルのイグアッペを訪れ、利益を目的とした移民会社に頼らない、自営農民のための移住地建設を目指す計画が始まった。サンパウロ市から北西に600キロ離れたミランドポリス市の大原始林1万アルケール(48)を1千家族の日本人移住者が開拓するという壮大な計画だ。この「アリアンサ移住地」は、移民が土地購入資金を出し合う形で参加し、どう村を運営していくかをみんなで話し合いながら決めていくという「協同組合」方式による最初の民間移住地だった。それは大正デモクラシー全盛期の流れを汲んだ発想であり、実際に1924（大正13）年10月の土地購入をもって創立した。

大正デモクラシーが流れ込んだブラジル

出稼ぎ移民が主流だった中、最初から永住目的のアリアンサ移住者のなかには、ピアノやバイオリン、テニスや野球道具、さらには天体望遠鏡まで担いでやってきた人もいた。「祈り、耕し、芸術する」ことを目標に作られた農村共同体「ユバ農場」もそこに生まれ、歌人・岩波菊治、俳人・佐藤念腹など多くの芸術家を生んだ。「日系ブラジル文化の発祥の地」的な存在となった移住地だ。

マナウスにある相馬文男の墓（『曠野の星（第100号）12ページ）

日本力行会から送り込まれた人たちが、現地で作ったのが「ブラジル力行会」で、創立は1917年だ。ブラジル側のメンバーには、アリアンサ移住地建設の立役者・輪湖俊午郎氏と北原地価造氏、サンパウロ市コンデ街の本屋・遠藤常八

(46) 1アルケール=2・4ヘクタール

郎氏、戦前の日伯新聞主事で終戦時に臣道連盟のテロの犠牲になった野村忠三郎氏など、創立以前から16人の力行会の協力者がいた。ブラジルへの本格的な移住は１９２０年頃からで、アメリカの排日運動を逃れて再移住してきた井原恵作団長が率いるブラジル開拓組合一行が着伯した１９２２年から、にわかにブラジル力行会の活動が活発になっていった。

アリアンサ建設運動の中心になった日本力行会の支援者には、大正期の文化人が集まることで知られた「新宿中村屋」の創業者、相馬愛蔵（長野）・光夫妻もいた。西洋列強から植民地化されたアジア諸国の独立運動を手伝っていた玄洋社の頭山満は、孫文やインド独立の亡命志士ラス・ビハリ・ボースも応援していた。そんな頭山の依頼を受けた相馬は、１９１５年にボースをアトリエに匿い、その縁で娘俊子がボースと結婚した。それが縁で、純インド式のカレーライスが日本で初めて発売され、「恋と革命の味」として有名になった。

そんな相馬夫妻の四男文雄は１９２７年に日本力行会を通してアリアンサ移住地に入植した。やはり民族的な熱い想いが受け継がれていたに違いない。のちに栗津金六の「アマゾン第1回調査団」に加わり、マラリアに罹ってマナウスで亡くなった。『曠野の星（第１００号）には「アマゾン先駆者の墓」（12ページ）との一文があり、愛蔵は文雄がアマゾンに倒れたと聞くと、頭山に頼んで「相馬文雄の墓」と揮毫してもらい、日本で大理石に刻んでそれをアマゾンまで送って建てさせたとある。

当時の大正期を象徴するような入植者は、枚挙にいとまがない。同移住地研究者の渡辺伸勝は「海を渡ったデモクラシー」（『地理』２００８年10月号、特集ブラジル日本移民百年、古今書院）のなかで、「大正デモクラシー期の政治・文化・社会の特徴を体現する人びとや、この時期に活躍した人物の関係者が数多くアリアンサ移住地に移住している」（64ページ）と書き、その具体例として次の人物名を挙げる。

高浜虚子が中心となって盛り上げていたホトトギス派俳句では、彼の愛弟子である佐藤念腹（謙二郎）が1927年にアリアンサに入植した。東京帝大工科を卒業した橋梁技師の木村貫一朗（圭石）も同派俳人で、1926年に移住した。短歌界では、アララギ派の島木赤彦に師事した岩波菊治も同年に入植し、この3人が中心になって当地最初の文芸雑誌『おかぼ』を創刊した。

1928年に入植した与謝野素は、詩人の与謝野鉄幹の甥であり、農業技師として活躍した。その他特色のある人材としては、台湾総督府の官吏をし、移殖民研究をしていた渋谷慎吾（東京帝大法科卒）も1928年に入植した。民本主義の提唱者として有名な東京帝大法科の吉野作造の姪、吉野友子も女子師範学校を卒業して1928年にアリアンサに入った。移住地を離れてからは邦字紙初の女子事務員となった。

そんな時代性を最も代表する人物といえば弓場勇だ。弓場農場建設にいたる詳しい経緯が『共生の大地アリアンサ　ブラジルに協同の夢を求めた日本人』（木村快著、同時代社、2013年）に描かれている。1931年入植の太田秀敏は新渡戸稲造の甥にあたり、「新しき村」構想の創立メンバーとなっていった。

『共生の大地』の著者木村快さん（NPO劇団「現代座」代表）は、「このアリアンサ移住地建設思想の根底には、国際的民族主義的なものがある」と睨んでいる。「永田稠、輪湖俊午郎（移住地立案者の一人）、今井五介（長野県の実業家、永田の支援者）らには若い時期に、北米で苦い生活経験をしたという共通点がある。そこで培われた国際的な民族主義という視点が、内務省が強引に推し進めようとした国粋政策とぶつかった。アリアンサが日本の政治の流れにゆさぶられたのは、そのような構図があった」と説明する。

アリアンサ移住地の原形となったブラジル最初の永住志向移住地の一つ、レジストロ植民地にも興味深い現象が現れていた。レジストロ草分け時代を記した野村隆輔著『思い出の記』には次の記述がある。農業技師・野村隆輔を中心に1927年に畜産研究センターが設立され、その一部として種蓄牧場が建てられた。

そこには独特な独身青年十数人が集まっていた。構成家族としてきた青年の中には、《日本の上流家庭の子弟や高等教育を受けたものが島流しの意味で紹介状持参で転げ込んで来た者もあり、真面目な青年も居れば、品行悄々楕円形の青年もあり、玉石混交と云う状態であった》（野村『思い出』18ページ）。品行〝方正〟ならぬ〝楕円形〟という表現に当時のユーモア感覚がよく出ている。[49]

この「島流し組」の一人には田辺定がおり、《開成中学その他諸学校の経営者田辺道之助氏の令息で、田辺元博士、洋画家田辺至氏の令弟で、星野立子女史、大仏次郎、谷崎精二諸文士は鎌倉時代の幼友達で名門の出であるのに何んのために渡伯したか知らぬが～》（野村『思い出』20ページ）などの人物もいた。[50]

「満蒙開拓移民の父」から国賊と呼ばれた永田稠

1934年にブラジルで二分制限法が施行されて、日本移民の入国が制限されるに至り、内務省から移民事業を引き継いだ拓務省は、ブラジルでできなかった「一県一村（移住地造成）運動」を満州に持ち込んだ。国際協調的な移住だったブラジルでは不可能だったような、強引な移住方法を満蒙開拓団では実行したと見られる。

海外移住組合連合会の理事長になった平生釟三郎によって、アリアンサ建設の功労者・梅谷光貞は、必死に進めていたパラグアイ拓殖計画を蹴られて専務理事を1931年に辞任した。その後、32年から永田鉄山の依頼で「関東軍特務部の初代移民部長」に就任した。

『物故先駆者列伝（日系コロニアの礎石として忘れ得ぬ人びと）』（1958年、129ページ）には驚くべき情景が描写されている。

（前略）東京の中央亭の一室に、時の小磯陸軍次官、永田軍務局長、今井五介、永田稠の四人が会合した。話題は満州移民のこと。次官「じゃ満州移民をやると決めるか」、軍務局長「中心人物は誰にしたらよいか」、今井さんが白髭をしごきながら「梅さんかな」と答えた。

小磯は関東軍参謀長・小磯國昭、永田軍務局長は永田鉄山（長野県）だ。

神戸大学附属図書館サイトによれば、1935（昭和10）年2月11日付け大阪朝日新聞には「まず依蘭方面に十万家族を移住＝五千万円で〝満洲拓殖会社〟案＝現地視察を終えて梅谷氏語る」という見出しの記事が掲載された。

梅谷が現地視察をして満州移民会社の事業案を練った様子を報じたものだ。35年に退官するまで2年2カ月にわたり、百万町歩の土地を購入し、30年間で100万戸入植という満州移民計画を立案遂行した。退官後、東京に帰ったが在満時の労苦がたたって肝臓病となり36年死去した。（増補『梅谷光貞略伝』梅谷光信、8ページ、1985年）。関東軍内部での軋轢がストレスとなったのだろう。

つまり、梅谷は関東軍の中枢でブラジル経験を満州移民計画で活かした。アリアンサ建設で恩義を感じていた永田稠も関東軍嘱託として共に参加した。当時、関東軍には皇道派の東宮鉄男少佐（「満蒙開拓移民の父」）ら勢力と、小磯陸軍次官や永田鉄山軍務局長を中心とする統制派との対立があり、統制派の反対を押し切って32年に第1回武装移民が強行された。

(49)「構成家族」とは、当時は家族単位で移住の許可が出されていたので、一家族には大人の働き手3人以上が必要条件とされた。そのため、単独で移住したがっている青年などを、養子など形で家族に受け入れて「構成家族」として一緒に移住した。

(50) ただしくは「田邊新之助」で、逗子開成中学校や鎌倉女学校の創設者で、東京開成中学校の校長も務めた日本の教育者のことだろう。

永田稠は現地視察をし、ブラジル経験者ならではの批判を込めた報告を関東軍に提出した。入植地の測量もせず、今後の営農計画も確立しないまま一時に五百名もの移住者を入植せしめたことは人類の移住史上いまだ一度も行われたことのない暴挙である。(『素晴らしい満州日本人開拓団』永田泉、2010年、19ページ)。

永田が〝暴挙〟と批判した内容が正しかったことは、数年後に歴史が証明した。この報告を読んだ東宮少佐は34年、永田稠を「国賊」と断定し、関東軍から追い出した(同29ページ)。皇道派の相沢三郎陸軍中佐によって永田鉄山が斬殺されると、両派の抗争は激化し二・二六事件が起きた。永田鉄山の死後、東条英機が台頭して太平洋戦争への道を開いてしまい、満州も内地からの統制が効かなくなった。鈴木貞一陸軍中将は《もし永田鉄山ありせば太平洋戦争は起きなかった》と述懐したと言われる。

永田稠は、現地中国人と調和した移住地として38年、満州に「新京力行農場」を建設した。〝暴挙〟満州移民の「狂気」に打ち込んだ調和的移住の楔だ。だから終戦時も、そこは全員無事に引き揚げ、地元中国人から別れを惜しまれ餞別までもらった(同14ページ)。

アリアンサ研究者の木村快は、この流れを日露戦争に永田が従軍した経験までさかのぼって、以下のように分析している。

日露戦争は明治三十八年九月に終結するが、永田は終戦処理のため翌年三月まで半年間、奉天近郊の村に駐留している。戦争が終わっても故郷に帰れない兵士たちはささいなことで農民に乱暴したり、農民の鶏を盗んだり、様々な問題を引き起こす。その度に永田は責任者として農民に謝罪し、対価を支払わなければならなかった。しかし、逆に村民は永田を信頼するようになり、村が抱える問題についても永田に相談するようになったという。この経験が、昭和八年、東宮鐵男の満蒙開拓武装移民政策を痛烈に批判した『屯墾移住地視察報告』の根拠となり、関東軍移民部から追放されながら、昭和十二年、独力で中国人との共生を掲げた新京力行村を建設する原点となった。敗戦後、新京力行村の村民は中国人の保護下で全員無事に帰国している。(51)

移住地建設という点では共通していても、平和共存的な「国際的な民族主義」という方向性において、武力を背景にした満州移民とは明らかに異なったものだった。これは、崎山比佐衛の生き方とも共通する。

アマゾンに消えた反戦論者・崎山比佐衛の生涯

前節に永田稠が《北海道の第7師団歩兵第27連隊に入隊、北海道の開拓農業を目の当たりにして関心を持つようになる》と書いた。北海道は、【表1】「世界に出た戦前移民の県別移住者数、および明治新政府やキリシタン大名との関係」の8位を占める移民大県だ。

崎山比佐衛（『物故先駆者列伝』日本移民五十年祭委員会編、1958年より）

明治政府は「四民平等」政策のもと大名、武士階級を廃止して華族、士族を創設した。秩禄処分により俸禄（家禄）制度が撤廃され、生活に困った士族がたくさん生まれた。明治政府は、ロシアとの国境警備を固めるという意味と、士族救済を兼ねて北海道に入植を誘った。そのため、明治2年の人口はたった6万人だった北海道は、この150年の間に現在

(51) アリアンサ運動の歴史（木村快著）http://www.gendaiza.org/aliansa/lib/23-03.html

坂本直寛（土居晴夫著『坂本直寛の生涯』リーブル出版より引用（出典：ウィキメディア・コモンズ））

の５３１万人まで増えたのは、まさに移住なくしてはありえない。

白井暢明（旭川工業高等専門学校名誉教授）の講演原稿「高知県民の北海道開拓―北見・北光社を中心に―」（「札幌大学総合研究」第２号、２０１１年３月）には、次のような説明がある。

当時の明治政府は積極的に北海道への移民を奨励し、開拓をさせる政策をとりました。その結果、北海道にたくさんの人たちが入ってくるようになりました。初期の段階でまず「官募移民」があります。明治２～５年、開拓使が本州で募集した移民です。次に「士族団体移住」で、明治２～５年、生計の糧を失った士族がまとまって入ってきました。その中で最も主体になったのは、伊達藩です。伊達藩及びその支藩を含めた伊達一族は、明治政府（当時の官軍）に反抗しました。彼らはある意味、明治政府の敵だったことから、彼らに対しては何の保護もない状況の中で、たくさんの人々が北海道に来たのです。一番有名なのは亘理藩《わたり》でしょうか。殿様と一緒に有珠郡にたくさんの人が入り、開拓にあたって一番成功したと言われます。その他にも室蘭に入った角田藩、幌別に入った白石藩、当別に入った岩出山藩など、伊達一門の士族がたくさん北海道に入ってきました。先述したように、彼らは国から何ら保護を受けず、かなり過酷な状況で非常に苦労したと聞いております。伊達藩以外にも佐賀藩（厚岸・釧路郡）、徳島藩（静内郡）などの士族集団があります。これが初期に入ってきた士族の団体移住です。

「亘理藩」は、仙台藩（伊達家）の傘下にあった藩だ。奥羽越列藩同盟の一翼をになった仙台藩は、明治政府によって62万石から28万石に減封された。それをうけ、傘下の亘理藩はたった58石5斗に減らされたが、1362戸、8千人人近くが住んでいた。第14代当主・邦成は戊辰戦争の敗北にともない所領をわずか数百分の一まで削減されてしまった。家老が領主・邦成に「北海道へ渡り、北門警備に当たりながら開拓に励み、朝敵の汚名を晴らそう」と建言し、刀を捨てないで武士の体面を保って生きられるこの意見を領主は受入れ、領主・邦成自ら、家中を率いて北海道に移住して開拓に従事した。侍が刀を鍬に持ち替えて雪とたたかった。亘理藩からの移住は1881（明治14）年の第9回まで続けられ、計2651人が移った。まさに村がまるごと移ったようなものだ。

それが礎となって、現在の北海道胆振総合振興局の「伊達市」ができた。

文中にあるとおり、室蘭に入った角田藩、幌別に入った白石藩、当別に入った岩出山藩も仙台藩の傘下だった。このように明治政府は、容赦なく〝逆賊〟を追いやった。

1874（明治7）年には、北海道に北方防衛の戦力を兼ねた開拓農村「屯田兵制度」が作られ、こちらも最初は士族が中心に入植した。1899（明治32）年に第七師団ができた。ここまで25年間に北海道には37兵村、総数約4万人が入った。この「第七師団」に、前述の永田稠が入った訳だ。

白井暢明・講演原稿によれば、その流れで次のようなキリスト教の開拓団体も5つできた。一番早いのは浦河の「赤心社」、次が「今金・インマヌエル団体」、ほぼ同時期に「浦臼・聖園農場」ができ、ここに崎山比佐衛は入植している。「北見・北光社」には坂本直寛、あと「北海道教育同志会」ができた。うち、「浦臼・聖園農場」と「北見・北光社」は高知出身者による団体で関係が深い。

崎山比佐衛（1875―1941年、高知県）の生涯からは、土佐藩／自由民権運動／キリスト教／ブラジル移住というつながりが良く感じ取れる。崎山は高知県生れで、1906年（明治39）に星名謙一郎とおなじく青山学院神学部を卒業した。１９１４（大正３）年から１９１６（大正５）年にかけて米国と中南米を視察してまわった。帰国後の１９１８（大正７）年東京世田谷に海外植民学校を創立した。

この海外植民学校の卒業生は７００人以上おり、アルゼンチン、ボリビア、パラグアイにも入ったが大半である３００人余りはサンパウロ州に入った。卒業生にはパウリスタ新聞の創立者・蛭田徳弥、鰯缶詰工場を経営していた五十幡《いそばた》直義《なおよし》、ホーリネス教団の山本博康牧師ら日系社会の著名人もいた。崎山の功績はアマゾンに限らず、移民全体に影響があったといえる。

崎山の人生において、前述の押川方義や北海道・聖園農場との出会いは大きかった。

この農場は、自由党代議士だった武市安哉が北海道羅臼町に作った「クリスチャンの理想郷」を目指した共同体農場だ。この武市安哉は、土佐藩郷士で土佐勤王党の盟主として山内容堂に切腹を命ぜられた武市瑞山や坂本龍馬の親戚にあたる。やはり、親戚で盟友の坂本直寛（坂本龍馬の甥）とは、叔父である龍馬が明治維新前から北海道開拓を志していたことに関して議論を重ねてきた。


龍馬は一番下の子供です。長姉・千鶴の子供が坂本直寛で、坂本龍馬の甥になります。ただ兄の権平に子供がなかったため、直寛はその兄の養子になります。この時代は家が大事ですから、男の子がいないと必ず養子をとって家を継がせました。ですから血縁関係がどうなっているか、とても難しい。いずれにしても坂本直寛はこうした家に生まれました。彼は武市安哉と同じく立志社で学び、自由民権時代、その闘士として当時有名だった馬場辰猪、植木枝盛（日本国憲法の草案を書いたとされる）と並び、自由民権の三大論客と言われたそうです。抜群の英語力で、ミル、ベンサムなど当時はほとんど読む人がいなかったような西洋の本を原文で読みました。明治17年には高知県会議員、翌年にキリスト教徒になります。明治20年、政府に反抗したため入獄し、２年後に出獄しました。(52)

このように坂本直寛は自由民権運動に挫折したあと、北海道へ向かう。高知県議会議員、後の日本基督教会牧師になった人物だ。一方、武市も広大な石狩平野を見た時「いまこそ、この地に新しい故郷、カナンの地を作ろう」[53]と決意し、北海道への移住を決断した。１８９３年に武市は移住のために国会議員を辞職し、7月に武市を先頭にした第1次移住者27名が高知から帆船で北上し、北海道に上陸した。

（前略）四国は狭い上に山が多く、平地がほんの僅かしかない。土佐周辺は平らですが、それ以外はほとんどが山地なのです。つまり、畑を作るにしても平地が少なく、農業は非常に効率が悪く、コストがかかり、地形的に見ても農民は厳しい状況にあったことが分かります。彼らはこういうところから北海道に来たわけです。原始林に覆われているとはいえ、まず土地の広さに圧倒された。これだけの土地があれば、努力次第でいくらでも開拓し、農業を営むことができると考えたと思います。[54]

その流れの中の第一次入植者に崎山比佐衛がいた。

渡道民権家には功名や名誉に対する一種の思い切りが比較的広くみられる。政治社会にたいする失望・挫折・逃避などと解釈することもできるが、それにとどまらず積極的に北海道に希望を託した部分もあることは前段のとおりであり、民権運動家から政党政治家または官僚コースに乗らなかった部分の一つの進出方向だったのではないかと思われる。この点は、民権運動の閉塞期から以後にさかんになる海外移住や植民論と共通の問題をもっているのかもしれない。一種の外向化の傾向である。（中略）

（52）白井暢明（旭川工業高等専門学校名誉教授）の講演原稿「高知県民の北海道開拓―北見・北光社を中心に―」（『札幌大学総合研究』第2号、２０１１年3月）
（53）神がアブラハムの子孫に与えると約束した土地、約束の地。
（54）白井暢明（旭川工業高等専門学校名誉教授）の講演原稿「高知県民の北海道開拓―北見・北光社を中心に―」（『札幌大学総合研究』第2号、２０１１年3月）

いずれにせよ、民権運動沈滞期以降の事業不振や民権家の分化・内省化ないし外向化を背景として、北海道に理想社会建設の可能性や、営利自活の可能性をみたものが渡道する結果となったのであろう。(55)

しかし、北海道開拓という「新天地」は決して〝美味い話〟ではなかった。今まで開拓されなかった、いや、出来なかった厳しい自然環境や社会・政治的な理由に立ち向かって打ち勝つ必要があった。それがうまく行かなければ、方向転換してさらなる新天地を求めるしかなく、その先にブラジルがあった。

少数の例外を除いて多くの宗教的目的をもつ農場経営が失敗し、やがて一般の小作制農場と大きな差異がなくなっていったことに象徴されるように、北海道の自然的・社会的条件はきびしかった。その社会的条件の一つとして、農場建設が多額の資本を必要としたこと以外に、北海道開拓が強い政府の主導の下に進められたことをあげることができる。(中略)新天地への移住が国家権力からの離脱を意味するわけではなかったし、上層民権家による大地積の取得が無願移住者の排除を結果するようなことも起こったのである。当時「新天地」と目されたのは北海道以外にも北米大陸も、あるいは南洋もそうであったかもしれない。しかし、いずれも、きびしい社会的・政治的条件の中にあり、自由の「新天地」と目された北海道もまた国家主導型移住植民地(部分的には流刑植民地)として国家体制の枠の中にあったのである。(56)

その「北海道・聖園」第3次入植者の小笠原尚衛は、次の様な経緯で北海道開拓を見限り、ブラジルへの再移住を決めた。

小笠原尚衛は高知県出身、同じ高知出身の武市安哉の聖園農場第三次入植者として1895年北海道樺戸郡浦臼に移住。しかし毎年のようにおこる石狩川の氾濫のため、1902年に名寄へ、その後間もなく中川郡美深に行き、そこで宗谷線切っての農場経営をしていた。ところが、聖園農場第一次入植者で、星名と同じ東京青山学院出身で海外植民学校校長をしていた崎山比佐衛の南米移住事業に共鳴し、尚衛の父である91歳の吉次をはじめ、一族47名が他の家族13名と共にブラジルに渡り、松村総領事の紹介で、星名と知り合ったのである。(57)

崎山の話に戻ると、１９１４年2月、彼は3年に及ぶ南北米視察の旅に出た。無銭旅行のようなものだった。米国では排日問題を痛感した。日本人の海外発展には南米が適地であると考え、「私は南米特にブラジルの邦人移民の実況を現地に見て、そこに日本人発展の理想郷を見出した」（『崎山』90ページ）とし殖民学校を起こすことを思い立つ。

北海道からブラジルへ

「つまり苦学生の進路を開拓するという見地から、日本青年全般の海外進出、更に進んで日本民族の海外発展を考えるようになった」（『崎山』91ページ）わけだ。大旅行を通して「海外発展は日本が将来決行すべき大事業であるとすれば、先ずその指導者となるべき人材育成の機関を創設しなくてはならぬ」（『崎山』91ページ）との結論をえた。

(55) 永井秀夫『日本の近代化と北海道』（北海道大学出版会、２００７年）１７６ページ
(56) 永井秀夫『日本の近代化と北海道』（北海道大学出版会、２００７年）１７６〜１７７ページ
(57) 論文「移民の魁・星名謙一郎のブラジル時代」飯田耕二郎著、大阪商業大学論集第5巻 第1号（通号１５１・１５２号合併号）４４５ページ

（前略）現地の生活に順応し得る人材、現地でいうボス……通訳者に代るつまり出稼移民を指導する人物を養成して送り出さなくてはならぬ。これには移植民教育が必要である。陸海軍創設には士官学校や、海軍兵学校がこれに伴った。商業貿易の発足と共に高等商業学校が創立され、海運業の振興には高等商船学校が設けられた。これらの学校で養成された英才は何れも新興日本の指導者であった。移植民教育といっても同じ人間教育にちがいはない。だがそれは特別の目的と使命をもっているので、やはり一般の学校教育だけでは不充分である。（『崎山』92ページ）。

同校は最初から男女共学という特徴があった。「旅行の見聞によって、当初婦人を伴わない出稼移民を主としたわが海外発展が、結果において償いがたい欠陥をばくろし、排斥の因をなしたか看破した」（『崎山』120ページ）。日本で高等学校以下で男女共学が行なわれたのは、一般に終戦後であり、これは異例なことだった。さらに「世界の各国民は何れも祖国に対して忠誠の念を持っている。われわれは忠君愛国者として自重すると同様に、各国民をも尊重しなくてはならぬ。こう教えることは現在では当然だが、四十余年の昔はかんたんではなかった」（『崎山』121ページ）

当時、武力による領土拡張は当然のものとして是認されていた時代だ。「こんなときに飽くまで他人の主権と領土を尊重し、一個人としてその国の人となりきつて、その文化に貢献せよといい、移植民を文化の伸張運動とみて個人の人格的な発展を基調とする。この学校の教育方針が或る方面に批判の的となつたことは止むを得ないことであつた」（『崎山』121ページ）。

二期にわたる学校ストを起こされ、万里波濤を乗り越えて南米に向かおうという生徒だけに、猛者たちが揃っており、一応の決着はみたものの、問題はむしろ内向するようになり、深刻化したようだ。その間の騒ぎが新聞などを通じて広がり、極度の社会からの信頼を失ったことは深刻だった。崎山は責任をとって校長を辞した。ようやく収集したものの疲れきっていた崎山は、１９２１（大正10）年10月から翌年にかけて、気分一新をかねて満州、朝鮮を講演旅行してまわった。

それに随行した越智義秀は、「満州至る処に大砲の弾丸をかざつた戦勝記念碑が建ててあるのを見られ、日本も今後鉄砲や軍艦では、何れの日か必ず行詰るといわれました。そして日本はどうしても鎌と鍬をもって世界に乗り出すべきである。これほど強い武器で世界に歓迎される武器はないといわれました」（『崎山』１４３ページ）とある。当時としては勇気ある批判であり、やはりその気持ちを曲げたくないならば、海外へ出た方が楽だったのかもしれない。

その後、学校の経営はますます厳しいところとなり、創立以来、崎山と苦楽を共にして来た同志の大半は辞めてしまった。１９２２（大正11）年9月14日に開催された評議員会で、崎山理事長は法人の解散は止む無きことだと説明し、事業一切の処理と理事長に一任することを決議して散会した。こうして、崎山の収拾能力の限界を超えた学校ストに起因したとはいえ、気骨ある同志全員から見放されて学校法人は解消し、たんなる一個人の私有物に還元してしまった。

再び南米への夢がむくむくともたげ、54歳のとき、１９２７（昭和2）年11月29日、再度大旅行にでかけた。「終始彼に好意を寄せていた渋沢栄一、団琢磨、本山彦一、頭山満等は最も有力な支援の手をのべてくれた」（『崎山』１５２ページ）という。アマゾン下りを実行し、9カ月後の１９２９（昭和4）年3月に帰朝した。この時にマウエスにたちより、「われアマゾンに来るべき暗示を求め祈つた」と日記に記しているという。マウエスといえばアマゾン中流にあり、今ですら秘境といっていい場所だ。

崎山には当時の日本の北進論、大陸進出へ向けた動きへの反発もあった。このアマゾン下りに関する数百回の講演、旅行記著述、さらにアマゾンの土地購入資金の調達を2年に渡って続けた。１９３０年から翌年にかけてアマゾンへの調査旅行をした外交官・野田良治は、崎山に関して「世界人類の福祉のために大アマゾニアを開拓し、そこに一新文明を創始するという大理想を以て、これが実現を期する第一歩として、まず海外植民学校の分校を建設することを決意し、地をアマゾナス州のマウエスに選び、なおその上に自ら全家族を引き連れて現地に移住し、殖民先駆者の歩むべき道を身をもって示されたことは、崎山先生なればこそ出来たのであったと唯々感服嘆称する外ありません」（『崎山』168ページ）と語っている。

崎山の三男の嫁・美知子は「満州進出はいけない。軍を背景に移民するのは、いずれ問題となると、崎山先生はいつもいっていました。それよりも、南米へ平和に移住し、そこで日本の海外発展に尽したほうがいい」と論じていたという。水野龍とも通じる考え方であり、満州移民と南米移民の違いを特徴付ける部分だ。

崎山の海外植民学校に並んで、アマゾン移住に大きな役割果たした「高等拓殖学校」の卒業生を、略して「高拓生」という。この高拓生の歴史をひもとくと、1917年に東京に設立された私塾「国士舘」（後の国士舘大学）にたどり着く。上塚司らが創立メンバーとなり、吉田松陰の精神を範とし、文武両道を掲げて「国家社会に貢献する智力と胆力を備えた人材『国士』を養成すること」を旨とした学び舎だ。

上塚司は熊本県出身、〝移民の父〟上塚周平の従兄弟にあたる。国士舘の学内に上塚が校長となり、アマゾンに入植する人材育成を目的に1930年に国士舘高等拓殖学校を設立した。ここの教授をしていたのが、戦後にヴァルガス大統領との個人的な友情関係からアマゾン移住枠の許可をえた辻小太郎だ。

ところが国士舘自体は政府の軍国主義政策に傾き、満蒙開拓を目指す人材育成を目的に「鏡泊学園」を別に設置した。大陸侵攻ではなく、平和的な移住手段にこだわった上塚は、ここで袂を分かち「日本高等拓殖学校」として独立した。

その後、「鏡泊学園」は軍事教練を拡大し、国の発展を支えるはずの尊い学生を戦地に赴かせる結果となった。片やアマゾンでも日本高等拓殖学校の現地施設は資産凍結・強制収容のうきめにあった。

２０１１年、その高拓生80周年式典で同会の佐藤ヴァルジル会長は、「政府が正式謝罪をしたことで高拓生の汚名は拭われた。今日ようやく、逝去した我々の父母にこう宣言することができる。我々子弟は義務を果たし、あなた方の名誉は回復された。平和の内にお休み下さい」と演説し、聴衆の涙を絞った。第２次大戦中に「高等拓殖学校」の施設は連邦政府に接収された。それをアマゾナス州政府が代弁する形で、80周年の折に謝罪したからだった。

Ⅵ
明治政府と距離を置いた宮家

多羅間俊彦——世界の反対側の貴種流離譚

明治天皇にはブラジル人の曾孫がいることを、どれだけの日本国民が知っているだろうか。

民俗学者・折口信夫は、芸能史や国文学を研究する中で、日本における物語文学の原形として「貴種流離譚」という概念をとなえた。本来なら、王族や貴族などの血筋を持つ高い身分にあるものが、何らかの理由で捨てられたりして家を離れざるをえず、不幸な境遇や下界におかれ、その中で旅や冒険をして正義や何らかの力を発揮するというパターンだ。

そんな「貴種流離譚の南米版」といって良さそうな、本来なら日本で華やかな生活を送っていた可能性のある人物が、なぜかブラジルに移住してきている。

たとえば『痴人の愛』『細雪』などで有名な小説家・谷崎純一郎の実妹・林伊勢も戦前の移住者だ。戦後なら、第2回NHK紅白歌合戦（1952年）の紅組司会も務めた芸能人・丹下キヨ子の娘、丹下セツコもいる。

ちなみにキヨ子本人もいったんは移住してセツコを呼び寄せ、本人だけ日本に帰って芸能界に復帰した。セツコは芸達者な移民を集めて旅役者の一座を立ち上げ、僻地にある移住地を訪問して歩いて日本の大衆芸能

多羅間俊彦（2013年1月10日撮影）

を披露して回り、行く先々で、何十年ぶりに日本の芸能に接した老移民から涙ながらに感謝されたという。

　そんな〝貴種〟の中でも極め付けなのが、東久邇宮稔彦王と同妃聡子内親王の第四王子、多羅間俊彦だ。『在伯日本人先駆者傳』（パウリスタ新聞社、1955年12月）の142ページには、《一九五一年四月渡伯されたことは、「昭和の天孫降臨」と噂された位、在伯同胞に大きな感動を与えた》と記されている。東久邇宮家は1947年に皇籍離脱していたが、ブラジル移民にとっては〝昭和の天孫降臨〟だった。その血筋ゆえに、多羅間は死ぬまで「多羅間殿下」と呼ばれつづけた。

コ〻を永住の地と定む

朗らかな好青年…

東久邇俊彦氏、元氣で着く

廿一日午前、コンゴニア空港には邦字新聞記者陣をはじめとりどりの人がつめかけた、いつとなく、飛行機の到着を待つている伯人達の間にも日本のプリンシペが來るんだそうだ……という話がひろがり、物好奇なまなざしで語りあつてる

世が世であれば宮家の第四王子とよばれる身分で伯國永住を決心した東久邇俊彦氏が、多羅間家の養嗣子となり、渡伯するというのだから、コロニアの寄せる關心が一通りでないのも當然というところ、予定より一時間遅れて十二時ツアスプが着いた、……まで迎えに行つた人等の顔がまず昇降口に現われ、續いて俊彦氏が姿を現わす、長身にダブルの背廣、黒いサングラスをかけた旅姿だ、すぐ後から出て來た、今はもう母と呼ばれる多羅間絹子未亡人のうれしそうな顔といつたらない、ちよつとテレてネクタイに手をやつたところを寫眞子がパチリ「プリンシペだ、プリンシペだ」と取囲む人垣を分けてテルミヌス・ホテルへ……ホテルでやつと落ちついたところを訪問、廿二という若さだから、まだ子供々々したところがあるやはり育ちというものかゆつたりしたところがある

（記者と語る俊彦氏、右端多羅間夫人）

記＝當伯第一印象は
○＝別段遠く來た氣持もしない、みなはじめからとても親しい感じね
記＝邦語新聞記者になり切れますか、抱負は
○＝それはもう……、抱負というようなものはこちらに落ちついて、いろいろなことがわか

多羅間俊彦と右側がきぬ。ブラジル到着初のインタビュー記事（1951年4月24日付パウリスタ新聞）

　祖国では一般に「移民＝くいっぱぐれ者」と下に見られがちだったが、多羅間がいることで「いろいろな移民がいるもんだ」と思わせる部分があり、いわば〝華を添える〟ような存在感があった。

　旧宮家の苗字を捨てて、誰よりも早くブラジルに移住し、沖縄系の女性と結婚し、ブラジル

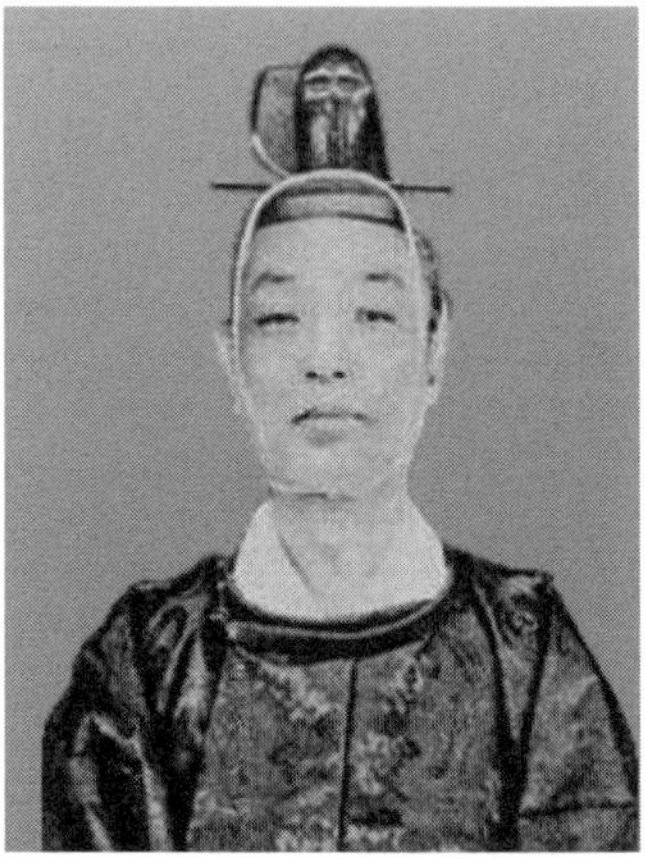

祖父である久邇宮朝彦親王（出典：ウィキメディア・コモンズ）

に帰化して、女性天皇の存在を容認する。元皇族として、ある意味、過激なほどにリベラルな気風、開明的な生き方が一貫されている。多羅間のこのようなあり方は、いったいどこに由来するのか。

２０１３年１月10日、サンパウロ市内のホテル・ロビーで待ち合わせ、「戦後移民60周年の特集の一部として取材させてください」と趣旨説明をすると、多羅間は別に怒るわけではなく、ただ、ちょっと困ったような顔をして黙った。少し間をおいてから「さて、ボクは移民なんでしょうか？」と暗に否定するような質問で答えてきて、こちらが面食らった。「元皇族」というプライドが、わずかにうかがえた一瞬だった。

男系からみると、多羅間俊彦は東久邇宮稔彦王の末息子である第4男子だ。父である稔彦王は、久邇宮朝彦親王（１８２４—１８９１年）の末息子である第9男子だ。皇位継承権は男系から数えるから、単刀直入にいえば、一番継承する可能性が少なかった。そして、この久邇宮朝彦親王は「公武合体派」の領袖として活躍した人物で、幕末の「八月十八日の政変」（１８６３年9月30日）で、時の孝明天皇や会津藩、薩摩藩と共に、三条実美[58]や長州藩を朝廷から追い出した政変の中心人物だった。

多羅間俊彦は、明治政府の中軸となった長州藩を、幕末に排斥した人物と男系の直系として繋がっているわけだ。ちなみに明仁天皇陛下（平成）も久邇宮朝彦親王と女系でつながっている。母・香淳皇后の父だからだ。だが、天皇家において重視されるのは、やはり男系のつながりなのだろう。

稔彦王の第一王子（多羅間俊彦の兄）である盛厚王は、昭和天皇の第一皇女・照宮成子内親王と結婚している。一般的な血筋の流れからみれば、かなり本筋に近い。盛厚王は、明仁天皇陛下（平成）の義兄であり、大叔父の子ともいえる。

女系からみると、さらに近いことが分かる。多羅間俊彦の母は明治天皇の第九皇女であり、まさに「明治天皇の孫」だ。さらに、父の兄の娘が昭和天皇の皇后という関係だ。このように、女系で近くても皇位継承という意味からは遠い。だから多羅間俊彦は、「明治天皇から見て孫は30、40人いるけど、男子最年長が昭和天皇で、僕が一番若年でした」と自己紹介するのが常だった。

明治に東京へ移住しなかった久邇宮家

長年のライバルだったはずの薩摩藩と長州藩が1866年3月7日に「薩長同盟」(政治的、軍事的同盟)を結ぶという幕末動乱の真っただ中、孝明天皇は36歳の若さで1867年1月30日に崩御した。孝明天皇は、幕府の会津藩主・松平容保への信任が特に厚く、その一方で、長州藩には最後まで嫌悪の念を示し続けたといわれる。彼が生き続けたら、歴史はすこし変わっていたかもしれない。崩御した翌月の2月13日に明治天皇が満14歳で皇位に即いた。その分、天皇本人ではなく、とりまきに権力が移った時期だ。

薩長両藩は討幕派の公家に影響力を強めて、朝廷から討幕の密勅を下すべく裏工作をしていた。それを察知した征夷大将軍・徳川慶喜は、討幕の大義名分を消滅させるために1867年11月9日に大政奉還を奏上し、翌11月10日に明治天皇は奏上を勅許した。

大政奉還は政治を司る権力が朝廷に戻ることを意味するので、討幕派は幕府と闘う大義名分を失った。だ

(58)「八月十八日の政変」により〝七卿落ち〟の一人として長州へ逃れたが、維新後は明治新政府に重用され、太政大臣・内大臣等を歴任した人物。

が奉還は形式上のことで、その後も慶喜の独裁制は維持された。それに不満を覚えた倒幕派の公家、岩倉具視らが明治天皇を擁して、「王政復古の大号令」を改めて発して、はっきりと慶喜から実権を取り上げ幕府の完全消滅を宣言した。これが1868年1月で、ここからが「明治維新」の始まりだ。

この「王政復古」によって、「八月十八日の政変」で朝廷から追いやられていた有栖川宮熾仁親王・中山忠能・三条実美・岩倉具視ら討幕派や尊攘派公卿が復権を果たした。その一方で、久邇宮朝彦親王は明治元（1868）年から広島藩預かりの身となり、明治5（1872）年に「伏見宮」に復籍するまで表舞台から姿を消した。

だから、久邇宮朝彦親王は宮家でありながらも明治の新政権とは距離をおく関係となった。明治天皇が御所を東京に移しても久邇宮家は移住しなかった。こうした経緯から宮家において〝太い傍流〟的な存在になり、久邇宮朝彦親王の第3王子である久邇宮邦彦王（昭和天皇后の父）や、第9王子の東久邇宮稔彦王（多羅間俊彦の父）らの人格形成にも、このような経緯が複雑な影響を与えたとの説もあるという。

つまり、明治維新という大きな節目において、公家も新政府側と幕府側に分かれたことで運命が変わった。多羅間俊彦は「朝彦親王が公武合体派だったのは、あくまで内戦を回避したかったからです。開国という意味では、幕府も薩長も同じ開国派だった。問題は、幕府を残すかどうかで別れた」と解説した。つまり、穏健派皇族として幕府を残そうとし、公武合体派についたと見ている。

過激なほどのリベラルさはどこから

なかでも、1915年に明治天皇の第九皇女と結婚した東久邇宮稔彦王は、1920年にフランスのサン・

シール陸軍士官学校に留学し、フランス流の自由な気風を受け入れ、自動車運転や現地恋人との生活を楽しんだという経験から、皇室随一の自由主義的思想の持ち主として知られるようになった。そんな父の影響を受けた多羅間だからこそ、自由主義的な生き方の最たるものとして移民を選んだのかもしれない。

移住の動機を尋ねると、「ラテン・アメリカは自由な国というイメージが強かった。多羅間さんに跡継ぎがないと聞いたから。アメリカ人とはずいぶんつき合いがあったが、プロテスタントの国よりも、南米の方が住みやすいのではないかと、前から行きたいと思っていた」と答えた。本当のところは分からない。

この「多羅間さん」というのは、俊彦を養子として迎え入れた多羅間キヌのことだ。夫・鐵輔は山口県山口市出身の外交官として戦前に在サンパウロ総領事館に赴任して、1915年に創立された平野植民地（ノロエステ地方最初の日本人集団地）建設、民間主導の最初の日本人集団地・アリアンサ移住地建設などに、外務省サイドから尽力した人物だ。

退官後には一移民として改めてブラジルに移住し、自らノロエステ地方リンス市でコーヒー大農場「多羅間農園」を経営した。第2次大戦勃発後、捕虜の交換船で帰国を進められたが、鐵輔は「移民と一緒に残る」と断り、戦中の42年に亡くなった。多羅間家には子供がおらず、俊彦はキヌ未亡人の養子に入る形で、戦後移住が再開する2年前の1951年4月、ブラジルに移住した。

日本が主権を回復するサンフランシスコ講和条約が51年9月であり、それよりも早い。そんな時期に移住できたのは、ブラジル永住者の養子に入って「家族呼び寄せ」という形をとったからだ。戦後初の在サンパウロ総領事である黒石四郎が着任したのが51年12月、戦後初の日本国大使・君塚慎が赴任したのは翌52年9月、最初の戦後移民の一団がサントス港に到着したのが1953年1月だから、いかに多羅間の到着が早いかが分かる。

多羅間俊彦が移住した1951年4月は、終戦直後の勝ち負け抗争の余韻[59]がまだ色濃く残っている時代だった。1954年にも〝朝香宮〟を自称する詐欺師（加藤拓治）が献金を集める詐欺を働いた「ニセ宮事件」が起きた。その事件について聞くと、「朝香宮は義理の兄弟にあたるから、良く知っているよ。ウソだとすぐにわかる。ありえない世界だね。勝ち負けの騒ぎがあるとは聞いていたが、自分とは関係ないと思っていた。その種の人たちが私に接触を求めて来たことはない。もし会いに来たら『バカだね、あんたたち』といってやろうと思っていたよ。そういう機会はなかったけどね」と笑い飛ばした。

内陸部のリンス市にある多羅間耕地の経営を10年間ほど引き継ぎ、その後はサンパウロ市に出てきて、プロドゥトーレス・コーヒー倉庫会社の監査役や経営審議会副会長を30年間務めた。移住10年ほどで、沖縄県出身で資産家の花城清安の娘、妻アリッセと結婚した。「彼女の叔父が、僕と同じ慶応大学卒だったつながりで紹介されたけど、見合いではない」。彼女は戦中を日本で過ごして戦後帰伯した二世だ。1950年代はまだ沖縄人への差別が残っていた頃だ。花城家には「琉球王朝の末裔」との噂があったので、もしやと思い、多羅間さんに尋ねると「違います」と一言の元に否定した。

単刀直入に「周りから反対する声はなかったですか？」と尋ねると、「日本の上流階級は自由主義ですよ。上流階級は武士じゃないから。日本の家族からも全然、反対はなかった。父はフランスで自由主義を身に付けて帰ってきましたから。父が軍で仕事をする中で、考え方に周りとズレがあったかもしれませんね。最後まで戦争回避をしようとしていた。軍部の中でも反対論は強かった」と振りかえる。「松岡[60]が出てきてから、日本の方向性が変わってしまった。あの辺で日本は道をあやまった」と見ている。

おもむろに「そうですね。あの時代に、大陸進出派でない人がブラジルへきたのかな」との言葉からは、上流階級としての誇り、武士階級が作った薩長閥に距離を置く雰囲気がただよっていた。

父はポツダム宣言受諾3日後、終戦後初の第43代内閣総理大臣（1945年8月17日—同10月9日）として担ぎ上げられた。降伏したとはいえ、まだ日本内外に陸海軍が展開している時であり、GHQが求めるこの内閣の最大の仕事は、日本軍の武装解除だった。皇室至上主義がいきわたっていた当時、それを短期間に命令実行できるのは「皇室内閣」しかないと思われていたようだ。

皇籍離脱の悔しさは「ぜんぜん無いね」

「8月に戦争が終わって、3カ月間、総理をしていたが、家では普段と全く変わらなかった。父が総理をしている時、吉田茂さんが家にいらっしゃったのを憶えています。10月に首相を辞めたと聞いた時は、家族はホッとしたような気持だった」。GHQとの意見の違いもあって短期間で辞任したが、その間、9月2日にミズーリ艦上で敗戦文書に調印した。同年11月に東久邇宮稔彦王は敗戦の責任をとるために、皇族の身分を離れる意向だと表明した。実際に1947年10月、皇籍離脱し東久邇稔彦を名乗った。この時、多羅間俊彦も離脱したわけだ。離脱した時の気持ちを尋ねると、「時代の流れですよ。マッカーサー元帥の一言、指令は絶対ですから」という。「悔しい気持ちになりませんでしたか」とたたみかけると、「ぜんぜん無いね」とあっさり答えた。

皇室内閣として日本軍の武装解除という大任を果たしたにも関わらず、離脱した直後には、GHQによって公職追放命令を受けた。その後の東久邇家の生活は厳しく、新宿西口の闇市で食料品店を開店したり、喫

(59) 日本の敗戦を認めない勝ち組と、敗戦を積極的に広めた負け組の間で相互に起きた一連のテロ事件。二十人前後の死者が出た。

(60) 松岡洋右。外交官や外務大臣として、第2次世界大戦前夜の重要局面で、日本の国際連盟脱退、日独伊三国同盟の締結、日ソ中立条約の締結などをした人物。

茶店の経営もしたが長続きしなかった。1950年4月には禅宗系の新宗教団体「ひがしくに教」を開教したが認可がうまく行かず、実質解散した。この時代のことを問うと、「誘われて、ゴタゴタした話があったみたいだね」と他人事のようにのべた。

戦争中は「麻布に住んでいた。江戸時代には武家屋敷だったところで、庭でゴルフができるぐらい広かった。馬場もあった。1万何千坪じゃないかな。自分の家なのに部屋がいくつあるか分からない感じだった。品川に移り、そこからブラジルに来た」。そのように宮家として持っていた財産を売り捌いて凌いだようだ。そんな苦しい生活の中、皇籍離脱の4年後の1951年4月に華々しくブラジルに移住した。

ブラジル移住を言い出した時の家族の反応を問うと「父から別に反対されませんでした。行きたければ行ったらいい、ぐらい。私は最初から永住の気持ちでしたよ」という。

最初の10年は、リンスの多羅間耕地でコーヒー栽培に従事した。「500町歩あった。カフェが凋落を始めていて、その時代に合わなくなっていた。1962、3年にサンパウロへ出てきて、南米銀行の子会社プロドゥトーレス・デ・アルマゼン・ジェライスの役員をした。創立者の一人でもある」とのこと。移住60年経った感想をきくと、「いいところに来たと思いますよ。ここには銀座はないけど。日本に行ったら、その晩にでもいくけど」と笑った。

さらに「ブラジルで住むならここで選挙権を取ったほうが良い」と考え、1970年頃に帰化した。「何も感じることはないね。帰化っていっても深刻なものはない。引っ越しみたいなもの。いたって軽い気持ち。日本からも特に何も言われなかった。僕個人の問題だから」。

ブラジル東京都友会会長、ブラジル日本都道府県人会連合会副会長、ブラジル日本文化協会副会長などを歴任した。1990年に東京都と聖州の友好協定の実現にも尽力するなど、日伯をつなぐ懸け橋的な人材として常に交流に参加していた。

2001年12月4日付ニッケイ新聞の「雅子さま内親王ご出産」記念特集号の折り、多羅間は「女性天皇、いいじゃないですか。ちょっと憲法を変えるだけでしょう。私は歓迎です」と明るく答えた。「女性の天皇は昔にもいた。女性天皇の時代には日本文化も栄えている。女王さまが誕生すれば日本人の意識も変わる。日本も変わるでしょう」。

幕末期に祖父が「公武合体派」の領袖として活躍したことから、皇族でありながら明治新政府という本流からしりぞけられた歴史的な流れ――。戦後においてはGHQによって戦争終結の際、日本軍武装解除のために近代史初の「皇室内閣」の総理大臣となって終戦処理の陣頭指揮をとり、真っ先に皇籍離脱した流れ――。そんな日本近代史の重要な節目に顔を出す「傍流の皇族として担ぎ上げられてしまう活躍の仕方」、そんな風に歴史的に利用されてしまう血筋に対する諦観のようなものが、多羅間には備わっていたのかもしれない。

2015年4月16日、サンパウロ市の自宅で心臓発作のために亡くなった。その後、妻のアリッセと電話で話していて、「夫はコロニアでは『殿下』『殿下』とよばれて、本人もまじめくさって振る舞って、とても堅苦しそうでした。ですが、ブラジル人といっしょにいる時には、よく笑う明るい本来の性格に戻りました」と聞き、なるほどと納得した。多羅間とアリッセの間には、息子アルフレッド稔彦がいる。そう、多羅間が元内閣総理大臣である父の名を、子のブラジル人に受け継がせた。だから明治天皇にはブラジル人の曾孫がいることになる。グローバル時代においては、日本国民同様に、皇族関係者すらも国際化するという見本だろう。

地球の反対側に移り住んだ〝貴種〟とはいえ、中身は普通の人間と同じだ。だが、血筋ゆえに「普通の人と違う何かを持っているのでは」と期待される中で、尊厳ある生涯を一移民として送ったといえる。(61)

(61) 全米日系人博物館の「ディスカバーニッケイプロジェクト」サイトに2015年5月19日初出 = http://www.discovernikkei.org/

Ⅶ――なぜ日系人の中で沖縄県系人が一番多いのか？

故郷を捨てたはずの移民に「おかえりなさい」

２０１１年10月に那覇で開催された第5回「世界のウチナーンチュ大会」を取材した際、世界から沖縄県系人が５３００人も集まり、ものすごい熱気にあふれていて驚いた。ブラジルからだけで１２００人以上、ハワイからは１千人で飛行機を2機もチャーターして乗り入れているというので恐れ入った。前夜祭のときに、那覇市の国際通りを歩いていたら、ブラジルの知り合いに次から次に出くわし、「ここはサンパウロか」という錯覚におちいったほどだった。

野球場で行われた開会式で、仲井眞弘多県知事（当時）が「おかえりなさい！」とまず挨拶したのを聞いて、すごいことだと感じ入った。いったんはこの島を出た人間なのに、歓迎されている。沖縄県人は在外同胞に対して「頭が開かれている」と痛感した。言いかえれば、「島を客観視する感覚」といってもいい。「鎖国的な感覚」とは一味違う感覚だ。

日本本土では一般に、移民は「先祖伝来の墓や土地を捨てて、外国へ出ていった人」と見られ、歓迎されない風潮がある。だから親戚の中に移民がいても意識の中で切り捨てて、いないかのような存在にされがちだ。だが沖縄県の場合、基地問題などで日本政府と対立し、本土には理解者が少ない状況にある。自分たちの気持ちを分かってくれる理解者をどこに求めるかといえば、世界に求めるしかない。世界に広がっている理解しあえる者は誰かといえば、移民とその子孫になる。

世界のウチナーンチュ大会のプログラムからは、移民に強い同胞意識を持ち、そこから何かを学ぼうとする姿勢が感じられる。これは英語などの外国語ができるできないと関係なく、世界で起きていることを身近に感じ、日本以外での「常識的な判断」を素直に受け入れる意識がある状態だ。沖縄は「琉球王国」時代から外国の情勢に敏感だった。中国と日本の両方から強い影響を受けてはぐくまれた地域性が、いまも色濃く残っている。

第５回世界のウチナーンチュ大会閉会式の盛大な様子

世界のウチナーンチュ大会の会場には、海外の県系人にくわえて、東京都沖縄県人会とか兵庫県沖縄県人会の人たちも集まっていた。彼らと話をして気付いたが、「島から一歩出たら、本土もブラジルも一緒」というのが地元感覚だった。

この開会式や閉会式の各種芸能ショーは実に見ごたえがあり、世界から集まっているから言葉は違うはずなのに郷土芸能を共に楽しむことが共通言語になっている感じがした。地元紙の沖縄タイムスや琉球新報も2ページぶち抜きの見開き写真をデカデカと掲載して、その熱気を伝えていた。

だが一番驚いたのは、その熱気が冷めやらないうちに、静岡県の実家に帰って家族にその話をした時のことだ。「ええっ、そんな大会があったなんて、まったくニュースになっていない」と言われ、日本国内のコミュニケーションの断絶具合にショックを受けた。沖縄の情報は今もかなり選択的に本土に伝えられている——という印象をうけた。

「世界に出た戦前移民の県別移住者数、および明治新政府やキリシタン大名との関係」（本書48ページの表1）のなかで堂々の2位を占める移民大県・沖縄。日本において沖縄県の人口（１４０万人）は、総人口のわずか1％強に過ぎない。だが、海外日系人（３５０万人）において沖縄系は10％（35万人）を占める。子孫の数はどんな県よりも多く、日系人の中では最多勢力だ。ブラジル日系社会（１９０万人）でも約1割、ペルーやアルゼンチンでは9割以上を占める。沖縄に関しては、日本と新大陸では人口比率が逆転する。

沖縄県人口の25％に匹敵する人数が、海外で暮らしている。こんな移民大県はほかにない。なぜこんなに多いかといえば、近代日本史の歪みがこの島に集中していたからだ。当り前だが、豊かな暮らしを享受していたら、誰も移民したいとは思わない。経済的な苦しさ、社会的な差別感などが移住の押し出し圧力として働く。

明治政府は１８７2年から「琉球処分」を実施した。これで王国としての待遇は消滅し、ただの「県」にされてしまった。沖縄県は大正から昭和初期にかけて大恐慌の渦中に巻き込まれた。同規模県の2倍もの国税を徴収される苦境におかれ、沖縄の農地の6、7割は銀行の担保に入っていた時代だったという。毒性のあるソテツ以外に食べるものがない「ソテツ地獄」に苦しみ、海外移住以外に生き残りの活路は見出せなかった。

その中で明治政府に対するある種の抵抗運動のようにハワイ移民は始まった。国内のゆがみがここに集中したために移民が多く生まれた構図だ。本土の県と違って、沖縄県人には最初、移住する権利すら与えられなかった。ようやく沖縄からのハワイ移民の第1回は27人が1899（明治32）年12月5日に那覇港を出港した。

これを実現したのが〝沖縄移民の父〟當山久三だ。当時の奈良原繁第4代知事（1892―1908年）は官選の薩摩藩出身で、幕末の「八月十八日の政変」にも加わっていたという人物だ。かつて琉球王国を支配していた薩摩藩士だけあって、強権を持って県政に望んだといわれる。移民送り出しに対し、奈良原知事は「時期尚早」と否定的だった。だが、東京で自由民権運動の洗礼を受けてきた當山にとって、「移住する権利」を獲得することは県民への差別撤廃を意味し、なにがなんでもと頑張り抜いて実現した。

ブラジルにおいては最初の笠戸丸移民（1908年）では約800人中、沖縄県人が半分近い325人を占めた。ところがコーヒー農園から大量に夜逃げが起きたため、日本国外務省は1919年に沖縄移民禁止処置をとった。同県人からの繰り返しの陳情を受け、ようやく解禁したのは1926年だった。このように出足が遅れたにもかかわらず、あっというまに本土移民に追いつき、追い越した。

『近代沖縄の歩み』（新里金福、大城立裕、琉球新報社、1972年）によれば、本土における沖縄人差別の代表的な事例「大阪人類館事件」が1903年4月に大阪で起きた。第5回勧業博覧会の学術人類館で、朝鮮人、アイヌ人と共に、「琉球貴婦人」（実際は娼婦）を〝陳列〟したというものだ。

この報が沖縄の新聞にのると、読者からの連日投書がまいこみ、新聞はその怒りをセンセーショナルにとりあげた。そして、「琉球新報」は「人類館を中止せしめよ」と社説で要求した。（198ページ）

第一次大戦後、沖縄からも多くの人が大阪周辺や京浜工業地帯に出稼ぎにくるようになったが、彼らの多くは集団で生活をしていた。周辺の民衆からみれば理解できない言葉をしゃべる「異民族」に見え、民族差別に似た差別感情を抱き、在日朝鮮人と同じような劣悪な労働条件や差別賃金で利用されたと言われる。

このような社会的な押し出し圧力の中で、「ブラジルへの県別移住者数と代表的な人物」（本書52ページ表3）に出ているように、戦前だけで1万4271人、戦後には6175人、合計2万449人がブラジルへ来た。全日本人移民25万3318人の8％にあたる。

戦前に小禄から移住した上原幸啓

特に目立つのが戦後の多さだ。国際協力機構（JICA）『移住統計』（1994年）によれば、沖縄から世界に出た戦後移民は6813人もおり、全体の9・9％を占める。県別平均1453人の約5倍だ。終戦時直後、1950年の沖縄の人口が約70万人だから100人に1人が島を出た。戦争の苦しみを数値化した重い数字にみえる。ちなみに私の出身地・静岡県の戦後移民は1084人と平均以下で、2500人に1人が移民した。国民の皆が辛い戦争を体験した訳だが、どこかで差はでてくる。

なぜそんなに戦後に沖縄から移住したかといえば、沖縄戦だ。那覇市には小禄という字があるが、小禄出身者によれば、そこからだけで約4千人が移住したという。なぜそんなに多かったかと言えば、地図を見れば一目瞭然だ。前に那覇軍港、後ろに海軍司令部、横に空港という立地だから、上陸直前の米軍から雨のように爆弾を降らされた集中砲火地域だ。

その地区からブラジルにきた戦前の子供移民に[62]、上原幸啓がいる。2008年の日本移民百周年協会の理事長をやった日系社会を代表する人物だ。彼から「移民しなかったら、僕はきっと戦争で死んでいました。

小学校のときの同級生80人のうち、戦後生き残ったのは12人だけ。みな戦死しましたから」と聞き、ショックを受けた。兄弟が米国移民していた幸啓さんのオバアが、「戦争になったら沖縄は最後だ」とくり返し言って、ブラジル行きを熱心に薦めたので、父は幸啓ら息子だけを渡伯させた。

幸啓いわく「父と妹は防空壕の中に隠れていたのに爆撃で死んでしまった」という。悲しいことに、オバアの情報と判断は正しかった。そうして生き延びた戦前の子供移民がブラジルで成長し、祖先の苦労と決断に感謝し、故郷と協力し合いながら生きている。彼らが、戦争で苦しんだ同郷の親族を、戦後に大量に呼び寄せた。海外同胞との絆が、戦後の沖縄を救った。海外同胞との良好な関係を保っていることが、何かという時の保険になる。そんな体験が、移民とその子孫に心を開かせている。平和なあいだに国境を越えて絆を確かめ合うことが大切なのだ。

移民の多さと基地反対闘争の激しさ

「私はもう死ぬのですか」——沖縄戦の最中、父にそんな問いかけをするエピソードから、沖縄県西原村出身の戦後移民・赤嶺園子の自分史は始まる。衝撃的な出だしだ。普通の自分史は、「いつ、どこで、自分が生まれたか」という紋切り型の描写から始まる。だが、彼女には一切そのような、ほのぼのとした記述はない。幼い頃の懐かしい思い出など存在しないかのようだ。いきなり沖縄戦の厳しい描写から、その人生が始まる。

（62）子供時代に移住してブラジルで人格形成した人

「島は動かせないが人は移民できる」。彼女と同じ様に考えた人は多かった。だから世界に出た戦後移民の数は沖縄出身者が突出している。沖縄県からのブラジル移住者は、戦前は本土からの差別と来るべき戦争への恐怖で全国2位の多さを誇り、戦後は戦後で、彼女のような地上戦を実際に体験したトラウマから断トツ1位となった。ひと言で「地上戦のトラウマ」といっても、本土の人間、とくに戦争を知らない世代にはピンとこない。だが、戦後の沖縄県人の行動には、これが関係している。なぜ移民がそんなに多いのかと、なぜ県民投票を行ってまで米軍基地反対運動をするのかは、コインの裏表だ。

本土から見て過激と思える沖縄の人々の行動の根本にあるのが、戦争の身近さだと思う。ブラジル移民にもそれがはっきり表れている。赤嶺園子が生まれた西原村は、沖縄本島中部にある激戦地の一つ。家族5人が尊い犠牲となり、幼かった彼女自身も、山の中の避難所にいたにもかかわらず爆撃を受けて火傷を負った。その時の言葉が冒頭の問いかけだ。その時から彼女の人生判断の秤の片方には、「戦争」というオモリがどしりとのっている。

終戦直後、学校の授業の傍ら、野山に散乱している遺骨収集作業を課せられる。《小学生だった私は無常の風に誘われて黄泉に赴いた、誰とも判別しがたい白骨化した痛ましい遺骨を拾い集めながら憂憤の涙にくれたことでした。かように残酷で残忍な戦は二度とあってはならないのです》と綴る。戦争という現実が、終戦後も子供の人格形成にいかに影響を与えつづけたかが伺われる。

そんな日々の最中、ブラジルの伯父が良い生活をしていると聞き、《戦争のない国ブラジルへの渡航を決意しました。以後機会あるごとに父母にブラジル行きを懇願するのですが聴許かないません》となる。家族の中で、まっさきに南米行きを決断し、両親を説得した。

最終的に、父は娘からの懇願を受け入れて家業を清算した。終戦直後から必死に商売を立て直し、その時には手広く商売を成功させ、店員やお手伝いさんが何人もいたのに、だ。《愛し子達を戦禍に巻き込ませたくないという慈父としての英断からの旅立ちでした》とある。そのまま沖縄に居つづけたら、おそらくお嬢さんとして育ち、ブラジルに来てからの苦労はなかった。

でも、「万が一また戦争に巻き込まれたら…」との恐怖感、戦争のトラウマに背中をおされて南米へ向かった。「戦争」と「異国での苦労」を秤にかけたら、後者に軍配が上がった。平和に暮らせるなら、国籍や文化や言葉が異なる海外移住も厭わないというわけだ。

その一方、沖縄に残った人たちは「少しでも戦争を遠ざけたい」から、ことある毎に基地問題を持ち出す。移民も基地問題も、裏には理屈をこえたトラウマがある。

以前、赤嶺園子が笠戸丸移民の全子孫を一人一人訪ねて回って追跡調査をした本を出版したときに手伝った。アルゼンチンや沖縄にまで足を運んで、線香に火を点すように一行一行したため、散逸しかけていた先人の生涯の断片を拾い集めた労作だ。あの小柄な体に秘められた、とてつもないエネルギーは一体どこから湧いてくるのかと不思議に思った。何の儲けにもつながらない調査に、膨大な時間と費用をかける様子を見て心底驚いた。だがこの自分史を読んで、少しわかった気がした。地上戦を生き抜いてきたことへの感謝、「自分が今生かされているのはご先祖様のおかげ」という想いが、笠戸丸移民への顕彰的な調査に結晶化したのだ。

彼女は自分が言い出して家族をブラジルへ連れてきた責任を感じ、身を粉にして家族に尽くした。どんな困難にも前向きに、一生懸命に立ち向かい、あらゆる知恵を駆使して解決してきた様子が自分史には書かれている。日本にいたら開発されなかった隠れた才能を、困難に直面することによって発揮し、それによってブラジルでの人生を切り開いてきた。

終戦から74年が経ったが、沖縄県には日本全国の米軍基地関連施設の7割が集中している。この事実から「緊張感のある状況」は変わっていないことが分かる。もしも北朝鮮が核ミサイルを発射したら、中国の人民解放軍が攻めてきたら、真っ先に狙われるのは沖縄といわれ、いつの日か再び戦場になる可能性は否定できない。

だからこそ、戦争のないブラジルで末裔を増やすことは沖縄県人には重要なのだ。自分史には、父がサンパウロ市で亡くなった時、連絡が取れなかった弟が出棺直前に突然帰宅したなど、家族が見えない糸でつながれている実話が描かれる。「土地を移ることで言葉や文化が変わっても、たいした問題ではない。家族の絆さえ変わらなければ」。そんな確信が行間からにじみでている。この発想が、世界のウチナーンチュ大会で広く共有されている。

ブラジルにきた沖縄県人はこのように戦争のトラウマを、平和で繁栄した生活を勝ち取るエネルギーにきり変えてがんばってきた。個人の力ではどうしようもないマイナスの属性を、「国境を超える」というプロセスを踏むことによって、プラスの方向に向ける作用が「移住」という行為の本質なのだと思う。

日系社会にも認められた沖縄系

沖縄県人はおもに農業、フェイランテ（露天商）や洗濯屋、建材店などの自営業をしながら、二世を大学に進学させ、社会進出を積極的に果たした。1994年の総選挙でサンパウロ州選出の下院議員として当選した日系人は、具志堅ルイス、伊波興祐、神谷牛太郎と、3人とも沖縄系子孫だったのは象徴的だ。日系政治家には沖縄系が多いという傾向は、現在でも続いている。

なかでも、労働者党（ＰＴ）の故具志堅ルイスは、党首ルーラ（ルイス・イナシオ・ルーラ・ダ・シルバ）の懐刀として、大統領選の選挙参謀を務めるなどの貢献をしてきた。ルーラが実際に大統領となった２００３年、ヴェージャ誌１７７６号は〝ＰＴ三銃士〟特集を組み、ジョゼ・ジルセウ、アントニオ・パロッシとならんで具志堅を紹介した。いわく「３人の中で最も目立たない日系人の具志堅氏は、ルーラが〝ジナ〟[63]と呼ぶ古い友で、１９７０年代から労働組合仲間として活躍してきた。ルーラと具志堅氏は家族付き合いをしており、聖市[64]ビリングス湖のルーラの別荘を訪れる、数少ないＰＴ党員。また公の場で『私は反対だ』と唯一ルーラに立ち向かう男でもある」（同ヴェージャ誌）と書かれている。大臣クラスの要職である「大統領府広報局長官」に就任したが、胃がんが悪化して辞任した。

またジャーナリスト界でも、戦前に日本新聞を刊行していた翁長助成[65]の息子、翁長英雄（二世）は、大統領を何人も輩出するエリート中のエリート校、サンパウロ総合大学法学部を戦前に卒業して、戦争中からブラジル一般紙に日系人で初めて記者として働き、フォーリャ・デ・サンパウロ紙、ガゼッタ・メルカンチル紙などで主筆を務めた先駆者だ。その妹の夫、山城ジョゼも終戦後にフォーリャ・デ・サンパウロ紙で記者をした。70年代からは奥原康栄・清政兄弟がラジオ・サントアマーロやイマージェンス・ド・ジャポン社などを始めて、ＮＨＫの紅白歌合戦を最初にブラジルで生中継し、美空ひばりのサンパウロ公演を実現するなど、沖縄系が日系社会のラジオ・テレビ界をけん引した。

翁長に引っ張られるようにして山城がブラジル・ジャーナリズム界に足を踏み入れたのは、当時、沖縄系

(63) 直訳すれば中国人だが、アジアの区別があまりない南米では「東洋人」ぐらいが実際の意味
(64) サンパウロ市
(65) 那覇市出身。１９１２年自由渡航者として渡伯。沖縄県人会の前身、球陽会の発足時の会長。

が日本人社会の中で差別を受けていたことと関係する。日本人社会においてもマイノリティであった沖縄系は、おなじマイノリティならより大きな社会で戦うことを選んだ。

現エスタード・デ・サンパウロ紙論説委員の保久原ジョルジ淳次にも、なぜジャーナリズム界で沖縄系が多いのかと質問したことがある。彼は「そのことは、金城セルソ（元ジョルナル・ダ・タルデ紙編集長）とも話合ったことがある。自分たち沖縄系は日系社会においてもマイノリティだ。おなじマイノリティなら一般社会でのし上がったほうが価値があると考えた」と答えた。

興味深いことに、保久原は家庭内ではウチナーグチで人格形成されており、日本語はほとんど話せなかった。世界のウチナーンチュ大会に参加した折り、沖縄で甥の家に8泊した時は、「ウチナーグチで話すので、まるで家に帰ったように感じた」と述べている。つまり、彼らにとって日本は懐かしくない。沖縄こそが祖国なのだ。

このように沖縄系はどんどんブラジル社会に進出し、結果的にそれが日系社会内で評価を高める役割を果たした。その流れの中で、もともと沖縄県人は本土出身の移民と別々にブラジル移民周年行事を祝っていたが、移民90周年（１９９８年）から一緒に祝うようになり、どんどん融合が進んだ。１９０万ブラジル日系社会の一割を占める沖縄系コミュニティは、次第に存在感を強め、今ではなくてはならない大黒柱になった。

日本移民百周年（２００８年）に顕著になったのは、沖縄系人材を中心にして日系社会が再編する動きだ。日系人最大の集中地域サンパウロ市には、「日系主要5団体」と呼ばれる代表組織がある。ブラジル日本文化福祉協会、ブラジル日本都道府県人会連合会、サンパウロ日伯援護協会、日伯文化連盟、ブラジル日本商工会議所だ。２００８年時、初めて沖縄系人材が5団体のうちの2団体のトップになった。そして２０１８年現在では3団体のトップを占めている。

世界的に移住現象を見ると、富裕層はもともとの場所から移動する必要がなかった。社会的に生存の危機に面した貧困層や、ゆがみが集中した層ほど、我先に移動する傾向がある。19世紀から20世紀において、旧大陸（ヨーロッパ大陸やユーラシア大陸）などから新大陸（南北アメリカ大陸）への移民の大移動の際、旧社会のひずみが集中した層から率先して新世界に流れ込んだ。

それにより、社会階層の逆転現象が起きた。旧社会では虐げられていた人たちが、移住した先では逆に主流になっていくという社会階層がひっくりかえる現象だ。言い方をかえれば、**逆境をバネにして社会的な上昇を図るのが「移住」という現象**であり、それがアメリカ大陸という〝新世界〟だ。そこでは旧社会の常識は通じず、新しい秩序が生まれる。

だから日本では1％強の人口しか占めない沖縄県系人が、世界の日系人においては10％という多数派になっている。そのような「世界における日系人の多数派、各国日系社会の中心的リーダー」とのつながりを強めるイベントが「世界のウチナーンチュ大会」といえる。

沖縄で失われつつある文化をブラジルで残す

沖縄の地方紙、沖縄タイムスや琉球新報は県出身者とその子孫のことを「県系人」と表現する。他の県の地方紙には見られない独自な言葉づかいだ。そして、2紙そろっては「ブラジルには明治の沖縄が残っている」と強調する記事をよく出す。

たとえば、ウチナーグチ（沖縄言葉）だ。今でもブラジル沖縄県人会の催しではウチナーグチで挨拶する人がいる。取材にいっても、何をいっているのか全然わからない。だが、会場では皆が理解しているので驚く。ウチナーグチが分かるのだから、日本語も分かるのかと思って話しかけると、「日本語はダメ」という二世、三世が思いのほか多い。沖縄で共通語が積極的に使われるようになったのは戦後であり、それ以前にブラジル移住した人は、こちらに来てからも家庭内では方言で通した。だから、家庭内ではウチナーグチが使われ、子供たちにも伝わった。

ところが、肝心の沖縄ではウチナーグチの話者が激減しているという。戦前に本土から赴任した教師が沖縄言葉を使うことを禁止し、教室で使った児童には方言札を首から下げさせて罰した。戦後は米軍に占領されたことによって、1972年に返還されるまでの27年間、今度は県民自らが復帰するために「日本人になる運動」を繰り広げ、その一環として自発的にウチナーグチを使わないようにした。そのため、戦後世代は使えない人が激増した。ところが、ブラジルでは今でもかなりの人が理解している。そのため、「ブラジルには明治の沖縄が残っている」となる訳だ。

興味深いのは、日本復帰後、沖縄では「ウチナーンチュ」としてのアイデンティティを取り戻す気運が強まり、80年代に沖縄のテレビ局や県紙が率先して、海外で活躍する県人の様子を報じた。その流れの中で「海外にはこんなに明治の沖縄が残っている」ことが発見され、強調されるようになった。島から大量に出て行った歴史を逆手にとって、移民とのつながりを深めて強みにかえ、さらにアイデンティティを回復しようとした。それが世界のウチナーンチュ大会として1990年に始まり、4年ごとに開催されている。

方言に関して、似たような例はイタリア移民にもある。タリアン語（Talian）は元々、イタリア東北部ヴェネト州周辺で使われていた方言だった。イタリア移民の最初の大波がブラジルに押し寄せたのは1875年から1910年までで、その60%がヴェネト方言話者だった。そのため、地方の集団地のイタリア系子孫を中心に言語が継承され、現地のブラジル人との接触を通してブラジル化された。その結果、イタリアンが訛って「タリアン」となり、イタリア系のみならず、ブラジル人も理解する言語としてブラジル南部のリオ・グランデ・ド・スル州、サンタカタリーナ州などで約50万人が今も使っているという。現在本国で使われている方言に比べると、やはり「古い言い回しをする」という特徴があると言われる。

他にも、ドイツの最大手週刊誌「シュピーゲル」の2008年4月第1週号には、サンタカタリーナ州ポメローデ市のことが4ページに渡って特集されている、とBBCブラジルが報じた。30万住民の8割がドイツ系子孫で、ドイツ文化の伝承がしっかり行われ、同紙は「ドイツよりもドイツらしい」と絶賛しているというものだ。

BBC記事によれば「ドイツ本国では健康ブームで脂肪分を少なくしてしまった郷土料理が、ここでは昔そのままの味で楽しめる」とある。初期入植者の大半がドイツのポメラニア地方出身者で、そこからこの町の名前が生まれた。ポメラニア語という独自の言語を話す西スラヴ系のポメラニア人は、ドイツでは少数民族だった。ブラジルに移住してから他のドイツ系と混交し、ドイツ化してゲルマン・アイデンティティを強めたとある。

それでも家庭ではポメラニア語を使い続け、今もポルトガル語とポメラニア語のバイリンガルがたくさんいるという。興味深いことに、第2次大戦でポメラニア地方の大半はポーランド領にされ、多くの住民は東ドイツに避難し、発祥の地でポメラニア語を使う者はほとんどいなくなり、今はブラジルにしか残っていない。

この町へのドイツ移民初入植は1861年だから、約160年経ってもそのような文化が継承され、本国メディアからその価値を認められている。このように、日系人にかぎらず、本国の古い文化を残す現象が、ブラジルでは起きている。

移民は国際派か、あぶれ者か

２０１４年11月27日付週刊『新潮』の連載「世界史を創ったビジネスモデル」によれば、世界銀行の調査ではイギリス人は４６７万人も外国移住しているが、日本人は77万人。総人口との比率では英国が７・５％、日本は０・６％。日本人が移民しない理由として《外に出れば「あぶれ者」になってしまうから》と分析する。企業駐在員は《つねに日本の本社に顔を向けている。そして、海外勤務を終えれば、組織の中で『国際派』に》なるが、移民は《「ディアスポラ」（離散した者、故国喪失者）になる。有り体にいえば「あぶれ者」～》と興味深い指摘をする。

江戸時代初期、鎖国開始時の日本人町の住人は、まさにこのディアスポラであった。そんな日本の日本人の意識の鎖国状態に関して、国際政治学者の高坂正堯は「イギリスは海洋国であったが、日本は島国であった」と論文に書き、地理的には同じ島なのに、英国は意識的に外に開かれ、日本は鎖国していると論じた。

それを読んで、２０１３年11月、沖縄出身の人気バンド「ビギン」がブラジルで初公演をした際、会場を埋めた県系人３３００人を前に「ただいま！」と第一声を放ったことを思い出した。県系人はその言葉を大歓迎して、喜んでいた。数えきれないほどの県人会関連行事を取材してきたが、このような「県系人がいる場所が我が家」的な感覚を持った人たちは他にいない。

ここから感じられることは、沖縄県系人は「日本」という枠から、とっくに解き放たれた人たちだということだ。海外に仲間がいる――そんなグローバルにローカルな感性が、日本政府と基地問題で真っ向から対立する気持ちを底支えしている。

北朝鮮の核ミサイルや尖閣諸島の問題など、日本を巡る情勢がきな臭くなって「もし中国が沖縄に侵攻してきたら」などと日本のメディアが報道するたびに、「自分たちが移民した判断は正しかった」と確信を深める。すでに最悪の状況を想定した選択肢の一つとして、手は打たれている。

加えて、保久原ジョルジがいうように、ブラジルの沖縄系コミュニティはまず一般社会において子弟が立派な地位をえて、その権威や勢いによって日系社会内でも存在感を増す、という戦略をとった。沖縄県の人々は同じ様に、世界で活躍をする沖縄系子孫との絆を強めることによって世界における存在感を強め、最終的に日本国内でも存在感を強める方法をとっているのではないか。

日本国内にいては、なぜそんなことをするのか実感がわかない。もっと日本人が外国に永住し、その感覚が国内にフィードバックされる仕組みが必要だ。かつて琉球王国は、中国と日本の両方に目を配りながら政権を維持し、明治以降は沖縄県として日本と米国のはざまで、居場所を確保すべく苦心してきた。いまは日本という国自体が、米国と中国という超大国に挟まれて、ロシアや韓国との外交に苦労している。その姿はどこか、かつての沖縄のイメージに重なる。沖縄は、日本の未来かもしれない。

移民史が日本近代史に組み込まれるように認識が変わった頃、初めて日本全体の日本人の思考は世界とつながり、「海洋国」になるための一歩を進めるのではないかという気がする。(66)

(66) 全米日系人博物館「ディスカバーニッケイプロジェクト」サイト＝http://www.discovernikkei.org/に2015年8月18日初出したものに加筆

Ⅷ

ブラジル移民の歴史から学べること

隣の外国人を理解する一歩

日本人はほんの50年余り前の過去を忘れていないだろうか。最近の日本からの報道を見ていて、そんな不安がよぎる。いま、東京のコンビニで働いている外国人は、かつての日本人移民と同じではないか——そんな気がしてならない。みなが貧しかった時代、25万人もの日本人がブラジルに移住した歴史が、すっかり忘れられている。

前回の東京オリンピック（1964年）の頃まで、年間数千人、多い時には2万人以上がブラジルに渡っていた。日本の歴史はけっして豊かな時代ばかりではない。わざわざ政府が渡航費補助をして、農家の次男や三男の背中をムリヤリ押すように送り出していた時代は、まだほんの半世紀前だ。

ところが、2度目の東京オリンピックを直前にして、逆に移民受け入れ国になりつつある。今のように「外国人を受け入れるかどうか」という議論をするときに、まずは「自分たちが移民した時の体験」を振り返ってみるべきではないか。ブラジル日本移民の歴史を振り返れば、日本人の一般庶民が外国に住み始めたら、どんなことに苦労し、どんな気持ちで暮らすのか、日本人ではなく現地「ブラジル人」として育つ子供や孫にどんな気持ちを抱くのか――が一目瞭然だ。これは、日本で外国人労働者が将来的に感じるストレスや苦労の「裏返し」ではないかと思う。

同じ様な立場に置かれた日本人の心の動きを通して、日本の外国人労働者の気持ちを理解するのが、日本人にとって一番わかりやすい方法ではないか。かつて移民という存在は、国境をでたら本国の国民からは切り離されて忘れられる存在だった。だが、グローバル化した現代においては、一つの民族が入れ子構造で世界に広がるのが「移民現象」だと思う。移民を通して現地との繋がりがたもたれ、世界の動きを理解するためのアンテナのような役割をはたす。

安倍政権は、外国人労働者の受け入れ拡大に向けて新たな在留資格を創設する出入国管理法改正法案を2018年末に国会承認させた。新たな在留資格「特定技能2号」は在留期間を無制限に更新することができ、家族の呼び寄せが認められているため、永住につながるものであり、事実上の移民法と言われている。経団連を筆頭とする産業界から、安く使える外国人労働力が欲しいとの圧力でこのような横車を押しているとの報道に接する。本来、人手不足であれば、日本人の給与を上げるべきなのに、産業界が負担増を嫌い、安い労働力を確保したいと言い張っているように聞く。

私自身1992年にブラジルに来たとき、語学留学ビザだった。最初は永住ビザを持っていないが、将来的に「移民」になる人はたくさんいる。

法務省の在留外国人統計(2018年6月)によれば、在日外国人は263万7251人もいる。これは、統計を取り始めた1959年以降で最高の数字だ。日本の総人口が約1億2659万人であり、約2%を外国人が占めている。静岡文化芸術大学副学長、池上重弘教授が2019年2月20日にサンパウロ市のジャパン・ハウスでした講演によれば、在日外国人のうち、永住者や定住者などの居住と就労に制限のない在住資格を持つ人は56%もいるという。日本政府は移民政策をとることを否定しているが、「この層は欧州基準からすれば、すでに移民に相当する」と池上教授は強調していた。

一方、ブラジルはよく「移民大国」といわれるが、実は過去の話だ。ブラジルは今もベネズエラ人移民だけでも6万人も受け入れるなど、「移民大国」のイメージがあるが、とっくにその状態を卒業してしまった。現在ブラジルの人口は約2億7００万人に対して、外国人は75万人しかいない。公式な外国人比率はたった0・3%。ただしビザなし滞在を入れるとその3倍。それでも1%以下だ。つまり、今では日本の方がはるかに移民大国だ。

日本政府の移民に関する歪んだ解釈の中で、2017年は39万人もの外国人が日本に流入し、「移民＝住民」としての待遇を保証されず、「一時滞在者」として工場で徹底的に低賃金労働させられている現状は、在外邦人として日本を誇れない。

特に技能実習生の問題は深刻だ。2017年だけで約7千人が失踪した。この6年間を合計したら失踪者数は、なんと2万8368人。小さな町の人口に匹敵する。まるで、第1回移民船「笠戸丸」時代のコーヒー農園からの夜逃げのようだ。制度破綻しているのに、逆に拡大しようとしている。こんな制度は、海外在住邦人からすれば日本の恥さらし以外の何物でもない。

必要な人材は受け入れるべきだが、私は基本的に外国人の大量受け入れには反対だ。日本人の出生率をもっとあげる最大限の努力をすると同時に、日本人の給与をあげるべきだ。そうすれば労働市場に日本人が再び戻って来る。外国人を増やし続ければ給与は下がるばかりで、肝心の日本人は働きたくても働けない状態が続く。

ただし、入れる分に関しては、ちゃんと「住民」として待遇すべきだ。「日本人が外国に移住した時にどうしてもらいたいか」をリアルに想像し、実際の歴史をふりかえってほしい。そうすれば地に足の着いた日本国内の移住政策がイメージできるはずだ。

アメリカ大陸で日本移民がどのように受け入れられたのか。その歴史をキチンと学んで、それ以上の受け入れ態勢を作ってほしいと心底思う。在外邦人が誇れる日本であってほしい。

かってのブラジルのコーヒー大農園の環境が日本国内に

異民族　環視の中に鍬を揮う　ジャポネース　我はその名を負いて(67)

この一首には、日本移民が置かれた気負い、心理的な状況がよく詠み込まれている。これはバイーア州都サルバドール近郊のＪＫ植民地に入植した故・藪栄次郎氏による１９６０年代末から70年中頃までの作品とされる。

明治の末期、第1回ブラジル移民船・笠戸丸の頃の日本人の頭の中には、まだ江戸時代のカケラが残っていた。「お国」といえば、「村」や「藩」の時代から続く郷土地域を示していた。そんな初期移民は、ブラジルのコーヒー耕地にきて、スペイン人移民、イタリア人移民、黒人などと住み分けて暮らす農業労働者生活をする中で「ジャポネース」と呼ばれて、独自に日本人アイデンティティを強化していった。

(67)『サンフランシスコ河中流域日系人入植小史』44頁、１９９４年、岸和田仁著

2009年5月、パラー州ベレンに取材に行った際、戦後移民の吉丸禎保（70）から、「この間、30年ぶりに日本に帰ったら、アメリカの植民地かと思った」という祖国に対する感想を聞いた。「どこ見回しても訳の分からないカタカナばかり。日本人なんだから日本語に誇りを持てと思った。よっぽど外国に住んでいる我々の方が日本人らしい。ああいうのを見るが本当に腹が立つ」と憤慨している話を聞き、なるほどと感じた。

日本の日本人には、毎日少しずつチリがつもるように変化が起きたが、二十年ぶり、三十年ぶりに祖国を訪れる移民にとっては、「塵も積もれば山となる」の〃山〃をいきなり見せられる。浦島太郎の心境だ。高度経済成長に伴う日本文化の変化を体験していない移住者がブラジルから行くと、テレビコマーシャルのモデルに青い目の金髪白人が多用されていることなどが奇異に感じられる。

一方、日本における日本人は、常に家主のような存在だから、あまり「日本人である」ことを意識しなくてすむ。さらにアジアの大国意識が強いから、つねに「日本は世界のスタープレーヤー」的な意識を持ちやすい。

これに関し、パリ第八大学心理学部の小坂井敏晶助教授は『異文化受容のパラドックス』（朝日選書、1996年）の中で、「西洋文化の内部化は、実は西洋人を外部にとどめておくからこそ容易に進行するのである」（13頁）という興味深い説明をしている。

日本の日本人は、つねに西洋人と実際の距離を置いて西洋文化と接しており、外国語の堪能な日本人が咀嚼してすでに親和性が高くなった内容だけを受け入れている。それゆえに西洋文化は拒絶反応を起こさずに、日本文化の中にすんなり取り込まれたという説明だ。

小坂井は、日本社会の持つ特徴である「閉鎖的な社会」と「西洋化した（開かれた）文化」という逆説特性を、「西洋人が一緒に住んでいない」という社会が閉ざされた状態だから、逆に安心して咀嚼した異文化を取り入れ、「開く」ことができると説明する。

つまり、「社会が閉じるからこそ文化が開くのである」（同14頁）と説く。これをコロニアに当てはめると、興味深いことが分かる。日本移民は、ブラジルという西洋文化圏の真っ直中で生活している。ブラジル人という西洋文化を持つ圧倒的な大衆に囲まれ、異文化と生のまま接しているので、拒絶反応を起こしやすい。

ブラジルにおいて祖国日本ははるか彼方の、遠いたよりない存在であり、日本人移民は異国における一民族、心細いエスニックとして「日本人」になっていった。異国において自分たちはか弱い存在であることを前提に、常に回りの強者（ブラジル人農場主、官憲、圧倒的多数派のイタリア移民など）との力関係に気を使いながら、日の丸を心の中で背負い、どう生き延びていくかを日々考えていた。

その結果、集団的な自己防衛本能が強く働いて、エスニック集団の中ではナショナリズムが昂揚し、独自の強い日本人意識を持つようになった。日本は「社会が閉じるからこそ文化が開くのである」（同14頁）という状態だが、コロニアの場合はその逆で、「社会が開いているから文化的には閉じる」という状態だ。

今は世界がグローバル化することによって、モノもヒトも簡単に国境を越えて移動する時代になった。その結果、かつて日本には圧倒的な「日本人世界」があったが、今では外国人が激増して、彼らがなくてはならない存在になり、時には囲まれているような感じすらする環境に変わりつつある。つまり、笠戸丸時代のコーヒー大農園の日本移民のような感覚が、日本国内で味わえる時代になった。

そこで思うのは、日本国内で若者の間にプチナショナリズムが起きているここ20年ぐらいの現象は、外国人が日本国内に増加していることの拒絶反応ではないかということだ。目の前に外国人が日常的に現れることにより、国内にいながらにして日本人アイデンティティが強化された結果だ。

つまり「社会が開いたから文化の方が閉じた」。外国人がどんどん身近に現れるようになったから、日本文化の危機を感じて「閉じている」状況ではないか。であれば、これは日系社会ではとっくに起きていたことだ。かつてブラジルのコーヒー大農園の国際環境が、いまでは日本国内で普通になったといえないだろうか。

「血より地が強い」原則

青き目の太郎を抱きて故知らず落とすなみだの地に沁みゆく（千葉美夜）

これは70年代に作られた、混血の孫を可愛らしいと思って抱きながらも、なぜか涙がこぼれる心境を詠った移民の短歌だ。

「どうやったら日本人は日本人になるのか？」――みなさんは考えたことがあるだろうか。まして「日本人になろう」と意識することはほぼないだろう。国籍は帰化すれば変えられるが、人種は変えられない。人種を変えられないからといって、日本人の子だから、いわゆる「日本人らしく」育つかと言えばそうではない。ほうっておいても日本人が日本人らしくなるのは、日本という環境でしかありえない。

110年がかりのブラジル日本移民の民族的実験から分かることの一つは、「日本人になるにはDNAや血だけではダメだ」ということだ。みなさんの身のまわりにいる在日の日系ブラジル人労働者を見ればわかる。顔は日本人そっくりでも、立ち振る舞いがまるで日本人的でないものがたくさんいるはずだ。これは国籍がブラジルだからという単純なことではなく、育った場所（地）の影響が強いということだ。つまり「血より地が強い」という原則が働く。逆に、顔からは日本人の血が入っているとはおもえないような混血の人でも、日本で育ったり、日本の教育を受けていると日本人的になっているものが多い。

移民という民族的実験は、血ではなく、教育こそが日本人を日本人たらしめていたことを証明した。ブラジルにおいては、日本人の特性ともいえる教育重視の考え方により、ブラジルの二世、三世はどんどん現地の有名大学に進学した。その結果、現地の高等教育を受けた人材は、どんどん現地国に適応して忠誠心を強め、優秀なブラジル人になっていった。教育とはその国にとって有益な人材に育てることであり、より高等な教育をうければ、よりその方向性が研ぎ澄まされる。アメリカが世界中から留学生を集めるのも、そのような原理を応用しているからだろう。

ここから学べることがあるとすれば、日本で育った外国人を日本に適応させるには、できるだけ日本の高等教育を受けさせることだ。外国人が日本において異邦人で在り続けるのは、差別されたり、追いやられたりする格差環境が維持されるからだ。イソップ童話の「北風と太陽」はじつに示唆的だ。北風と太陽が、旅人の上着を脱がすことで力比べをした。いくら北風が力任せに冷たい風を吹き付けても脱がなかったが、太陽がポカポカと日差しを当てるだけですぐに脱いだという話だ。

かつては欧米で黄禍論を唱えられた日本移民ですらも、現地国に適応していけば、どんどんその国の人間になっていく。ただし、ブラジルの日系人はできるだけ文化的なルーツを残して、よりブラジルに役立つ人材になっていくような努力をしている。これは、日本の外国人子弟に関しても言えることではないか。

人種や民族の多様性を尊重しながら、同じ地域で一緒に生活していく、共生していく成功例や失敗例といったノウハウが、ブラジル移民史には詰まっている。移住事業は一世代では完結しないことは移民史の教訓だ。すくなくとも三世までの心理的なパターンをしっかりと想定して、一世にはここまでしか求めないという部分があっていい。さらには第2世代、在日二世以降の世代をどう考えていくか。これはじっくりと長期的な視点に基づいた戦略が練られるべきだと思う。

4世紀ほど前、徳川幕府の鎖国政策によって、アジア各地の日本人町は消滅し、海外に羽ばたいた日本人の歴史は抹消され、日本の文化は世界から切り離された。それから300年を経てブラジル移民という巨大な〝日本人町〟が南米に作られた。ここで、歴史の愚を繰り返してはならならない。今回は、海外日本人の体験や感覚を日本に還流させ、日本の日本人が「外から見た日本」の感覚をしっかりとつかんでほしい。

日本がただの島国でなく、歴史的、血縁的に「世界と地続き」であることの最大の証明は、19万人の在日ブラジル人が合法的に、皆さんの身の回りにいることだ。本書に書かれたような、日本社会の太い傍流だが、日本史からは除外されてしまった20万人以上の日本人移民が〝人柱〟となって作られたグローバルな懸け橋が、日本とブラジルの間には営々と築かれ、世界と地続きになっている。米国の日系人しかり。懸け橋は既にあり、日本はとっくに実態としては島国ではない。あとは、海洋国であることを国民の多くが認知するかどうかの問題ではないだろうか。日系人が世界に散らばっているということは、日本人は移民を通して世界と血縁関係をもっていることの証だ。

ニッケイ新聞前編集長・吉田尚則の「移民は壮大な民族学的な実験だ。この実験の結果がどうなるのか？ブラジルという〝人種のるつぼ〟に叩き込まれた大和民族がどんな風に変容していくのかに興味がある」という言葉は、実は日本にも向けられる時代になってきた。

吉田は、こう続ける。「かつては〝移民大国〟ブラジルこそが人種のるつぼという実験場だった。だが今じゃあ、日本がそうなっている。そんな今だからこそ、ブラジルの日系社会はもっと注目されてもいい。日本人が混ざった後にどうなるのか——という見本がたくさん転がっているから」と。

【略年表】

年代	日本の出来事	世界の出来事
1548年		アンジローがインドのゴアで洗礼を受ける
1549年8月15日	アンジローはフランシスコ・ザビエルらを連れて鹿児島に上陸	
1570年9月20日		ポルトガルのドン・セバスチャン王は日本人奴隷売買禁止令を出す
1582年	天正少年使節団4人をローマに派遣	
1587年	豊臣秀吉が九州平定。日本人奴隷売買の実態に驚愕。6月にキリスト教宣教師追放令	
1596年7月6日		アルゼンチンで、日本人青年が奴隷として800ペソで売られた
1597年2月5日	豊臣秀吉の命令によって26人のカトリック信者が長崎で磔の刑に処された。日本で最初の殉教	
1597年3月4日		アルゼンチンで、日本人青年は「私は奴隷として売買されるいわれはない。従って自由を要求するものである」と起訴
1598年11月3日		アルゼンチンで、日本人青年は裁判に勝訴して自由の身になった
1600年前後	1603年から江戸幕府開始	1600年頃から鎖国令が出るまで、ベトナム、タイ、プノンペン、フィリピンなどの約7カ所に千人規模の日本人町ができる
1614年		南米ペルー・リマ市の人口調査の報告に20人の日本人の居住記録
1637年12月11日―1638年4月12日	天草の乱	
1639年	江戸幕府はポルトガル船来航禁止（鎖国完成）	
1853年	ペリーの黒船来航。「幕末」開始	
1863年9月30日	八月十八日の政変で久邇宮朝彦親王は孝明天皇や会津藩、薩摩藩と共に、三条実美や長州藩を朝廷から追い出す	
1864年	新島襄が密出国してアメリカ合衆国へ	
1867年	浦上四番崩れ	
1868年1月3日	王政復古。明治新政府が発足、戊辰戦争始まる（翌69年6月まで）	最初の集団移民「元年者」がハワイに渡る

年代	日本の出来事	世界の出来事
1869年		米国カリフォルニア州に戊辰戦争に敗れた会津藩の藩士22人が「若松コロニー」建設
1869年～1872年	明治政府が「官募移民」や「士族団体移住」などで積極的に北海道への移民を奨励	
1872年	琉球国を廃して琉球藩に	
1873年	「明治六年政変」で元土佐藩、元佐賀藩の人材が政府から脱退	
1877年	西南戦争	
1878年	水野龍が19歳のとき、高知県佐川町の乗台寺で過激演説で逮捕	
1881年	最初の反政府テロ事件・秋田事件発生。以来、全国各地で起き「激化事件」と呼ばれる	
1885年		ハワイ政府と日本政府の間で移民契約が結ばれ、「官約移民」開始
1889年		大武和三郎が横浜から密航してブラジルへ
1891年	外務大臣になった榎本武揚は初めて「移民課」を創設	
1893年	武市安哉が北海道羅臼町に聖園農場設立	
1894年7月～1895年3月	根本正を「海外移民地調査と商工視察」の名目でメキシコ・ブラジル・中央アメリカ・インドへ派遣	
1895年10月8日		朝鮮半島の「閔妃暗殺事件」で杉村濬、堀口九萬一ら処罰
1895年11月5日	日伯修好通商航海条約をパリで締結	
1895年	小笠原尚衛が聖園農場第三次入植者として北海道へ	
1897年	坂本直寛が一族を挙げて北海道に移住	
1897年	島貫兵太夫牧師が東京に日本力行会創立	
1897年	「土佐丸事件」。東洋移民会社のブラジル移民計画は直前に失敗	「榎本植民団」35人がメキシコのチァパス州へ移住
1899年		南米初のペルー移民が移住
1904～1905年	日露戦争	
1905年		駐伯公使・杉村濬が4月に着任。前任2人の評価から一転「ブラジルは移住に適地」と報告。水野龍がそれを見て、現地へ
1908年2月		米国で排日運動が高まり、対米移民を制限する日米紳士協定制定

１９０８年６月18日		第１回ブラジル移民船・笠戸丸がサントス着
１９１３年	１９１０年代〜１９２０年代に「大正デモクラシー」。政治・社会・文化の各方面で民本主義の発展、自由主義的な運動が起きる	東京シンジケートによる日本人初のイグアッペ植民地建設計画
１９１４年	永田稠が日本力行会第２代会長に就任	
１９１６年		星名謙一郎はブラジル最初の邦字紙『南米』を創刊
１９１８年		プロミッソンに上塚植民地拓く
１９１８年	崎山比佐衛が東京に海外植民学校を創立	
１９２３年	９月に関東大震災	最初の海外布教使・中村ドミンゴス長八神父がブラジル到着
１９２４年	関東大震災被災者へのブラジル渡航支援から移住国策化が始まり、翌年から本格化。ブラジル渡航がピークに	アメリカ合衆国が排日移民法を成立させて日本移民受入れを完全ストップ
１９２４年10月		アリアンサ移住地の建設開始
１９２６年11月15日		サンパウロ市のサンゴンサーロ教会で同胞子女46人が初集団洗礼
１９２９年	昭和恐慌	世界大恐慌
１９３０年	上塚司が国士館高等拓殖学校を創立	
１９３１年	北海道・東北地方が冷害にみまわれて大凶作に。移民押し出し圧力最高潮に	
１９３３年	日本政府は国連脱退して国際的に孤立	１９３３年、34年の２年続けて年間２万人以上がブラジルへ
１９３４年		ブラジルで二分制限法が施行され、事実上の日本移民制限が開始
１９３５年		平生釟三郎が経済使節団
１９３０年代半ば	満州移民がピークになる	ブラジル移民が激減
１９３７年	日中戦争開始	
１９３８年		永田稠は満州に「新京力行農場」を建設
１９４１年12月	太平洋戦争開始	
１９４５年８月	終戦。東久邇宮内閣発足	
１９５１年４月		多羅間俊彦がブラジル移住
１９６２年		沢田美喜がトメアスー移住地に聖ステパノ農場を設立
１９６２年		平田進は58年にサンパウロ州議に、62年には連邦下議に当選

著者略歴

深沢正雪（ふかさわ・まさゆき）

1965年11月、静岡県沼津市生まれ。

92年からサンパウロ市にある日本語新聞「パウリスタ新聞」で研修記者し、95年にいったん帰国。群馬県大泉町でブラジル人労働者と共に働いてコミュニティの内情を書き、99年に潮ノンフィクション賞を受賞、『パラレルワールド』として出版。

2001年9月にサンパウロ市の日本語新聞「ニッケイ新聞」入社。04年から編集長。

著書に『一粒の米もし死なずば―ブラジル日本移民レジストロ地方入植百周年』（無明舎出版）

『「勝ち組」異聞―ブラジル日系移民の戦後70年』（無明舎出版）。

移民と日本人

発行日　2019年6月10日
定　価　本体1800円+税
著　者　深沢正雪
発行者　安倍　甲
発行所　㈲無明舎出版
秋田市広面字川崎112-1
電話（018）832-5680
FAX（018）832-5137
製　版　有限会社三浦印刷
印刷・製本　株式会社シナノ

※万一落丁、乱丁の場合はお取り替えいたします

ISBN978-4-89544-653-2

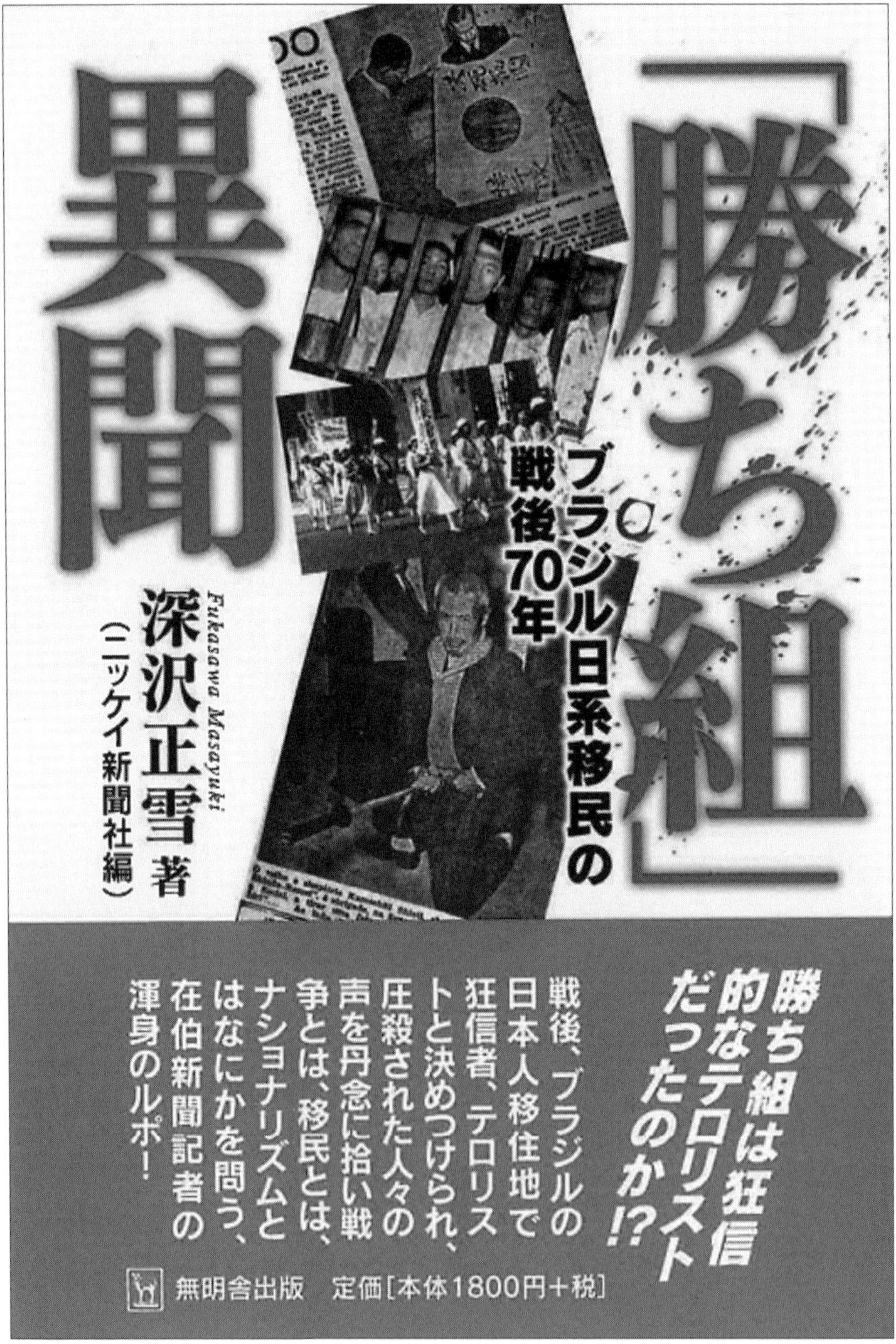
「勝ち組」異聞
ブラジル日系移民の戦後70年
深沢正雪 著
Fukasawa Masayuki
（ニッケイ新聞社編）
勝ち組は狂信的なテロリストだったのか!?
戦後、ブラジルの日本人移住地で狂信者、テロリストと決めつけられ、圧殺された人々の声を丹念に拾い戦争とは、移民とは、ナショナリズムとはなにかを問う、在伯新聞記者の渾身のルポ!
無明舎出版　定価［本体1800円＋税］

（ISBN978-4-89544-624-2）